Georg Schmeer
Fachpraxis Gastronomie

Fachpraxis Gastronomie

Service im Restaurant, am Büfett, in der Bar

von Georg Schmeer

unter Mitarbeit von Andreas Meiser

2. überarbeitete Auflage

Cornelsen

Für den Gebrauch an Schulen
© 1994 Cornelsen Verlag, Berlin
(erschienen 1986 im W. Girardet Buchverlag, Essen
unter ISBN 3-7736-2247-3)
Das Werk und seine Teile sind urheberrechtlich geschützt.
Jede Verwertung in anderen als den gesetzlich zugelassenen Fällen
bedarf deshalb der vorherigen schriftlichen Einwilligung des Verlages.

Bestellnummer 443019
2. Auflage
Druck 5 4 3 2 / 97 96 95 94
Alle Drucke derselben Auflage sind im Unterricht parallel verwendbar.

Satz, Druck und Bindearbeiten:
Universitätsdruckerei H. Stürtz AG, Würzburg

ISBN 3-464-44301-9

Zum Geleit

Ein hoher Leistungsstand im Service durch versierte Fachkräfte ist für den erfolgreichen Verkauf des Angebotes im Hotel- und Gaststättengewerbe von steigender Bedeutung.

Die Vielzahl verschiedener gastgewerblicher Betriebsarten und das Anspruchsniveau der Gäste in der heutigen Zeit bedingen aktuelles Fachwissen verbunden mit aufgeschlossenem, zielgruppengerechtem Umgang mit dem Gast. Jede Servicefachkraft muß sich mit Bewußtsein dieser Aufgabe stellen.

Das vorliegende Lehrbuch stellt — nunmehr in seiner zweiten Auflage — das aktuelle Fachwissen umfassend und anschaulich dar. Hervorzuheben ist besonders die Darstellung einschlägiger Arbeitsabläufe in Einzelschritten, die in der Praxis gut nachvollziehbar sind. Das Werk eignet sich für Aus- und Weiterbildung der Servicefachkräfte, wie es auch als Nachschlagewerk im gastgewerblichen Betrieb verwendet werden kann.

Den Autoren und dem Verlag danke ich für das gelungene Lehrbuch. Ich wünsche der Neuauflage gleichermaßen Verbreitung im Gewerbe wie dem bewährten Grundwerk.

(Leo Imhoff)
Präsident des DEHOGA

Vorwort

Perfektes Service ist angesichts der hohen Erwartungen der Gäste der Gastronomie ein dringendes Erfordernis.

Das vorliegende Buch vermittelt den in der Gastronomie tätigen Fachkräften gründliches Wissen, fundierte Kenntnisse und vor allem die erforderlichen Fertigkeiten.

Alle am Büfett, im Restaurant und in der Bar anfallenden Tätigkeiten sind ausführlich erläutert; die einzelnen Arbeitsschritte und -techniken werden durch zahlreiche Abbildungen illustriert.

Dieses Werk ist für den Unterricht in Berufsschulen, Berufsfachschulen und Fachschulen gedacht. Es dient als Lehr- und Arbeitsbuch für die Ausbildungsberufe

Fachgehilfe/Fachgehilfin im Gastgewerbe

Restaurantfachmann/Restaurantfachfrau

Hotelfachmann/Hotelfachfrau

Koch/Köchin

Hotelkaufmann/Hotelkauffrau

Nicht zuletzt geben die Autoren mit diesem Buch Meisterschülern und Mitarbeitern gastronomischer Betriebe ein Hilfsmittel und Nachschlagewerk für die tägliche Praxis an die Hand.

Bei der Beschaffung des Bildmaterials haben Kollegen, Verlag und einschlägige Betriebe wertvolle Unterstützung geleistet.

Saarbrücken, im Januar 1990
Georg Schmeer
Andreas Meiser

Inhaltsverzeichnis

	Der Beruf des Restaurantfachmannes/der Restaurantfachfrau	13
1	**Restaurant**	14
1.1	Bestecke	14
1.1.1	Besteckarten	14
1.1.2	Reinigung und Pflege der Bestecke	21
1.2	Gläser	24
1.2.1	Weingläser	24
1.2.2	Sektgläser	27
1.2.3	Biergläser	28
1.2.4	Bargläser	29
1.2.5	Reinigung und Pflege der Gläser	31
1.3	Porzellan	33
1.3.1	Reinigen und Polieren von Tellern	33
1.4	Sonstige Servicegegenstände	34
1.5	Tischwäsche	36
1.5.1	Arten der Tischwäsche	36
1.5.2	Größen der Tischwäsche	37
1.5.3	Aufbewahrung von Tischwäsche	37
1.6	Vorbereitungsarbeiten für das Service	38
1.6.1	Mise en place	38
1.6.2	Servicetisch	42
1.7	Der gedeckte Tisch	44
1.7.1	Auflegen und Abnehmen von Tischdecken	44
1.7.2	Brechen von Mundservietten	49
1.7.3	Gedeckarten	63
1.7.4	Tischdekoration	74
1.8	Das Tragen	80
1.8.1	Tragen von Tellern	80
1.8.2	Tragen von Gläsern	82
1.8.3	Tragen von Plateaus	84
1.9	Das Servieren	87
1.9.1	Grundregeln beim Servieren	87
1.9.2	Servicemethoden	87
1.9.3	Einschenken von Suppen	90
1.9.4	Vorlegen	91
1.9.5	Abräumen	94
1.10	Arbeiten am Tisch des Gastes	97
1.10.1	Tranchieren	97
1.10.2	Filieren	114
1.10.3	Zerlegen von Krustentieren	123
1.10.4	Flambieren von Speisen	133
1.10.5	Vorbereiten, Zubereiten und Service von kalten Speisen	149

1.11	Speisen- und Menükarten	157
1.11.1	Speisenkarten	157
1.11.2	Menükarten	160
1.12	Weine und ihr Service	172
1.12.1	Welcher Wein zu welchen Speisen	172
1.12.2	Weinservice	176
1.13	Vom Empfang bis zur Verabschiedung des Gastes	191
1.13.1	Empfang	191
1.13.2	Platzzuweisung	191
1.13.3	Entgegennahme der Bestellung	192
1.13.4	Rechnungserstellung und Verabschiedung	194
1.14	Organisation von Festessen	195
1.14.1	Annahme von Festessen	195
1.14.2	Vorbereitung des Festessens	197
1.14.3	Service des Festessens	202
1.15	Das kalte Büfett	203
1.15.1	Vorteile des Kalten Büfetts	203
1.15.2	Errichten des Kalten Büfetts	203
1.15.3	Service am Büfett	207
1.16	Das Frühstück	208
1.16.1	Frühstücksgedeck	208
1.16.2	Frühstücksarten	211
1.16.3	Die Frühstückskarte	213
2	**Büfett**	**215**
2.1	Mise en place	215
2.2	Die Bierschankanlage	216
2.2.1	Lagern des Bieres	217
2.2.2	Pflege der Bierleitungen	218
2.2.3	Lagern der Kohlendioxidflaschen	218
2.2.4	Reinigen der Zapfhähne	219
2.2.5	Anstechen von Bierfässern	221
2.2.6	Zapfen von Bier	223
2.3	Milchgetränke	224
2.3.1	Einfache Milchgetränke	224
2.3.2	Egg Noggs	225
2.3.3	Frappés	226
2.4	Herstellen von Aufgußgetränken	227
2.4.1	Kaffee	227
2.4.2	Tee	238
2.4.3	Kakao und Schokolade	243

3	**Bar**	245
3.1	Barmaße	245
3.2	Arbeitsgeräte in der Bar	246
3.3	Bargetränke	248
3.3.1	Before dinner drinks	248
3.3.2	After dinner drinks	248
3.3.3	Short drinks	249
3.3.4	Long drinks	249
3.3.5	Cocktails	249
3.4	Arbeiten in der Bar	250
3.4.1	Mise en place	250
3.4.2	Regeln beim Zubereiten von Bargetränken	251
3.4.3	Standardgetränke in der Bar	251
3.4.4	Mixtechniken	253
3.4.5	Herstellung von Standardmixgetränken	255

Stichwortverzeichnis 273

Bildnachweis 276

Der Beruf des Restaurantfachmannes/der Restaurantfachfrau

Restaurantfachkräfte müssen über zahlreiche Kenntnisse und Fähigkeiten verfügen, da sie in mehreren Arbeitsbereichen eingesetzt werden.

Neben manuellen und geistigen Fähigkeiten werden von Restaurantfachkräften folgende Eigenschaften verlangt, die selbstverständlich während der Ausbildung verbessert werden sollten:

Gute Kondition	Höflichkeit
Gesundheit	Zuverlässigkeit
Sauberkeit	Ordnungssinn
Aufgeschlossenheit	Verschwiegenheit

Einen Überblick über die wichtigsten Arbeitsbereiche und die dazugehörigen Kenntnisse und Fertigkeiten vermittelt folgende Tabelle:

Arbeitsbereiche	Kenntnisse und Fertigkeiten
Restaurant	Eindecken des Restaurants Empfang und Beratung der Gäste Servieren von Speisen und Getränken Zubereiten von Speisen am Tisch des Gastes Abrechnen mit den Gästen
Büfett	Auffüllen und Sauberhalten des Büfetts Ausgeben von Getränken Pflege der Schankanlage Herstellen von alkoholfreien Getränken Herstellen von Aufgußgetränken
Bar	Auffüllen und Sauberhalten der Bar Kennen der Getränkekategorien Herstellen von Mixgetränken
Küche	Garungsverfahren Vorbereitungsarbeiten Zubereiten von Speisen

1 Restaurant

1.1 Bestecke

1.1.1 Besteckarten

Tafelbesteck

Großes Besteck

Das große Besteck besteht aus Messer, Gabel und Löffel.

Gabel   Messer   Löffel

Einsatz der Besteckteile

Besteckteile	Speisen	Beispiele	Anmerkung
Messer und Gabel	Fleischgerichte	Steak, Schnitzel, Braten	
Löffel	Suppen, Eintopfgerichte	Gulaschsuppe, Linseneintopf	Für Suppen, die in Suppentellern oder in großen Suppentassen serviert werden.
Messer, Gabel und Löffel	Suppe und Hauptgang	Nudelsuppe, Wiener Schnitzel	
Löffel und Gabel	Spaghetti	Spaghetti Bolognaise	Kein Messer eindecken, da Spaghetti mit der Gabel im Löffel gerollt werden.

Merke:
Auch zum Vorlegen
von Speisen.
(Vorlegebesteck
= Vorleger)

Bestecke

Mittelbesteck oder Vorspeisenbesteck

Eine kleinere Ausführung des Tafelbestecks ist das Mittelbesteck.

Es besteht aus Mittelmesser, Mittelgabel und Mittellöffel.

Mittelgabel Mittelmesser Mittellöffel

Einsatz der Besteckteile

Besteckteile	Speisen	Beispiele	Anmerkung
Mittelmesser und Mittelgabel	Vorspeisen	Artischocken, Salate, Galantinen	Häufigster Anwendungsbereich, daher auch der Name Vorspeisenbesteck.
		Räucherfische, marinierte Fische	Für Räucherfische sowie marinierte Fische werden grundsätzlich Mittelmesser und Mittelgabel eingedeckt.
	Kleinere Gerichte	Königinpastete	
	Kinderteller		Je nach Alter des Kindes gibt man zusätzlich einen Mittellöffel.
	Käse	Käseteller, Käse vom Brett	
	Obst	Äpfel, Birnen, Orangen	Falls kein spezielles Obstbesteck vorhanden ist.
Mittelmesser	Toast und Butter		Daher auch Toastmesser genannt.
Mittellöffel	Suppen	Kraftbrühen, klare Ochsenschwanzsuppe, Schneckenkremsuppe	Für Suppen, die in mittelgroßen Tassen serviert werden.

Besteckteile	Speisen	Beispiele	Anmerkung
Mittellöffel und Mittelgabel (Entremetsbesteck)	Zwischengerichte	Ragout fin	Falls das Ragout fin auf den Teller vorgelegt wird.
		Omelett	Für Omeletts in allen Variationen.
Merke: Auch als Vorlegebesteck für kleine, eingesetzte Portionen und Beilagen.	Süßspeisen	Soufflés, Crêpes Suzette, flambierte Bananen	Das Entremetsbesteck ist bis auf wenige Ausnahmen das allgemeingültige Nachspeisenbesteck.

Fischbesteck

Das Fischbesteck besteht aus Fischmesser und Fischgabel. Es unterscheidet sich von den vorher besprochenen Bestecken:

es ist etwas kleiner als das große Besteck, das Messer ist flach und hat keine Schneide, die Gabel ist etwas breiter und runder.

Fischgabel   Fischmesser

Einsatz der Besteckteile

Besteckteile	Speisen	Beispiele	Anmerkung
Fischmesser und Fischgabel	Für alle Fischgerichte, außer geräucherten und marinierten Fischen.	Forelle blau, Seezunge Müllerin	Das Fischbesteck wird auch zum Filieren verwendet.
Fischmesser, Fischgabel und großer Löffel	Spezialgerichte	Bouillabaisse	Die Bouillabaisse ist ein Fischgericht, das aus zwei Gängen besteht: – Suppe – Hauptgang Fisch Sie wird fälschlicherweise oft als „Fischsuppe" bezeichnet!

Bestecke 17

Kaffee-, Tee- und Mokkalöffel

Die Kaffee-, Tee- und Mokkalöffel unterscheiden sich hauptsächlich in der Größe.

Kaffeelöffel　　Teelöffel　　Mokkalöffel

Einsatz der Besteckteile

Besteckteile	Speisen/Getränke	Beispiele	Anmerkung
Kaffeelöffel	Kaffee		Einige Spezialkaffees werden ohne Löffel serviert!
	Nachspeisen	Mousse au chocolat, Krem	
		Eis	Wenn kein spezieller Eislöffel vorhanden ist.
	Kompotte	Apfelkompott	
	Exotische Suppen, Essenzen	Trepangsuppe, Schwalbennestersuppe	Für Suppen, die in kleinen Tassen serviert werden.
Teelöffel	Tee		Er ist kleiner und schmaler als der Kaffeelöffel.
Mokkalöffel	Mokka		Er ist klein und zierlich, da Mokka in kleinen Täßchen serviert wird.
Kaffeelöffel, Mittelgabel	Kalte Vorspeisen, Warme Vorspeisen, Vorspeisen aus halbierten Früchten	Geflügelcocktail, Ragout fin, Avocado, Melone, Papaja	Falls das Ragout fin eingesetzt wird.
Kaffeelöffel, Fischgabel	Cocktails von Fisch, Schalen- oder Krustentieren	Crevettencocktail	

Kuchengabel

Die Kuchengabel hat etwa die Größe eines Kaffeelöffels und ähnelt in ihrer Form der Mittel- bzw. großen Gabel.

Kuchengabel

Einsatz der Besteckteile

Besteckteile	Speisen	Beispiele	Anmerkung
Kuchengabel	Kuchen, Torten	Apfelkuchen, Schwarzwälder Kirschtorte	Manche Kuchengabeln haben Schneiden zum Durchtrennen von Kuchen- und Tortenböden.
Kuchengabel und Kaffeelöffel	Nachspeisen	Obstsalat, Pfirsich Melba, Birne Helene	Für Nachspeisen, die meist in Glasschälchen und Cocktailgläsern serviert werden.

Obstbesteck

Das Obstbesteck besteht aus Obstmesser und Obstgabel. Es ist etwas kleiner als das Mittelbesteck und wird nur zu Frischobst eingedeckt.

 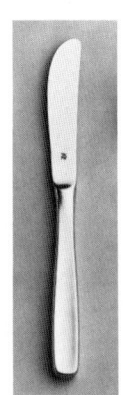

Obstgabel　　　　Obstmesser

Einsatz der Besteckteile

Besteckteile	Speisen	Beispiele	Anmerkung
Obstmesser, Obstgabel	Frische Früchte	Äpfel, Birnen, Orangen	Falls kein Obstbesteck vorhanden ist, verwendet man ein Mittelbesteck.

Bestecke **19**

Spezialbestecke im Gedeck

Bei den Spezialbestecken unterscheidet man Bestecke, die dem Gast eingedeckt werden und solche, die als Vorlege- und Arbeitsgeräte im Service dienen.

  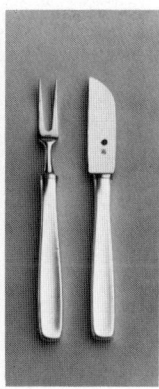 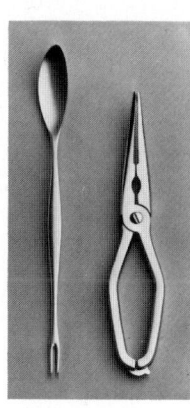  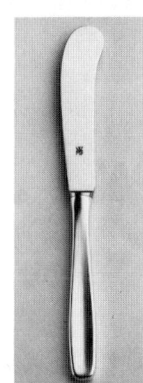

| Schneckengabel Schneckenzange | Austern-gabel | Krebsmesser Krebsgabel | Hummergabel Hummerzange | Fondue-gabel | Kaviar-messer |

Einsatz der Besteckteile

Besteckteile	Speisen	Anmerkung	Gedeck
Schneckenzange, Schneckengabel und großer Löffel	Weinberg-schnecken im Schnecken-häuschen	Das Schneckenbesteck wird meist nachgedeckt.	
		Es gibt mehrere Möglich-keiten des Eindeckens.	
Schneckengabel, Kaffeelöffel	Schnecken in der Keramikpfanne	Schneckengabel links, Kaffeelöffel rechts.	
Austerngabel	Frische Austern	Die Austerngabel liegt rechts vom Gedeck.	

Besteckteile	Speisen	Anmerkung	Gedeck
Krebsmesser und Krebsgabel	Flußkrebse	Das Messer dient zum Aufbrechen des Panzers und der Scheren. Die Krebsgabel dient zum Herauslösen des Krebsfleisches.	
		Eventuell einen Löffel zum Aufnehmen des Krebssudes eindecken oder eine mittlere Suppentasse mit angelegtem Kaffeelöffel.	
Hummergabel, Hummerzange und Fischbesteck	Hummer oder Languste kalt	Werden diese Krustentiere am Tisch des Gastes zerlegt, wird neben dem Fischbesteck nur die Hummergabel eingedeckt. Die Hummerzange ist Teil der mise en place am Servicetisch.	
		Werden halbierte Tiere unzerlegt eingesetzt, ist die Hummerzange Teil des Gedecks.	
	Hummer oder Languste warm	Hierbei ist das Hummerfleisch meist in Stücke geschnitten, z.B. Hummer Thermidor.	
Fonduegabel, großes Messer und große Gabel	Fondue Bourguignonne, Käsefondue	Die Fonduegabel dient zum Eintauchen der Fleischstücke in das Öl bzw. der Brotstücke in den Käse.	
	Fondue chinoise	Hierbei wird das Fleisch in die heiße Brühe getaucht. Suppentasse und Suppenlöffel werden zum Schluß zum Aufnehmen der Brühe eingesetzt.	
Kaviarmesser	Kaviar	Da das Kaviarmesser zum Verteilen des Kaviars auf dem gebutterten Toast dient, kann es auch durch ein Toastmesser ersetzt werden.	

Bestecke

Spezialbestecke als Vorlege- und Arbeitsgeräte

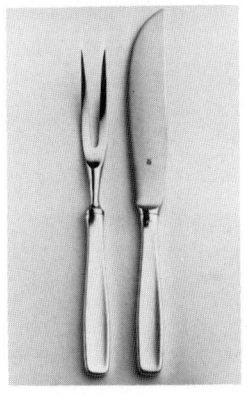
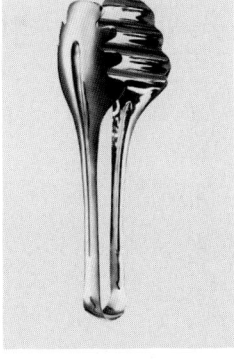
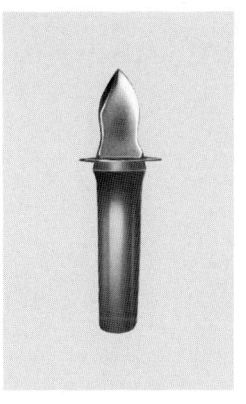

Tranchierbesteck   Spargelheber   Austernbrecher   Grapefruitbesteck

Einsatz der Besteckteile

Besteckteile	Verwendung	Anmerkung
Tranchiermesser, Fleischgabel	Zerlegen von Geflügel und größeren Fleischstücken. Fleisch in Scheiben schneiden. Portionieren von Käse.	Je nach Art der zu tranchierenden Stücke unterscheiden sich die Tranchierbestecke in ihrer Größe.
Spargelheber	Vorlegen des Spargels von der Platte auf den Teller.	Wird meist durch das Vorlegebesteck ersetzt.
Austernbrecher	Öffnen der Austern.	Geschieht meist in der Küche.
Grapefruitmesser Grapefruitlöffel	Auslösen des Grapefruitfleisches aus der halbierten Frucht.	Das Auslösen geschieht im gehobenen Service am Tisch des Gastes.

1.1.2 Reinigung und Pflege der Bestecke

Entscheidend für den Ruf eines Hauses ist die Sauberkeit der verwendeten Bestecke. Die Servicefachkräfte sind für den einwandfreien Zustand der Bestecke verantwortlich.

Es reicht nicht aus, daß gebrauchte Bestecke in der Spülküche gewaschen und nachgespült werden. Bestecke, die aus der Spülküche kommen, müssen kontrolliert und nachgereinigt werden. Man spricht hierbei von Nachpolieren.

Arbeitsschritte beim Polieren von Messern:

Messer mit den Klingen in heißes Wasser eintauchen.

Mit einem Teil des Poliertuchs die Griffe festhalten — mit dem anderen Teil die Klingen polieren. Die Messerschneide zeigt nach außen, um ein Zerschneiden des Poliertuchs bzw. eine Verletzung der Hand zu verhindern.

Merke:
Um Fingerabdrücke zu vermeiden, die Griffe mit dem Poliertuch halten!
Auf keinen Fall die Messer anhauchen!

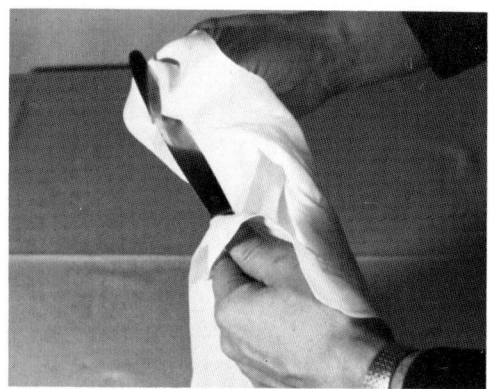

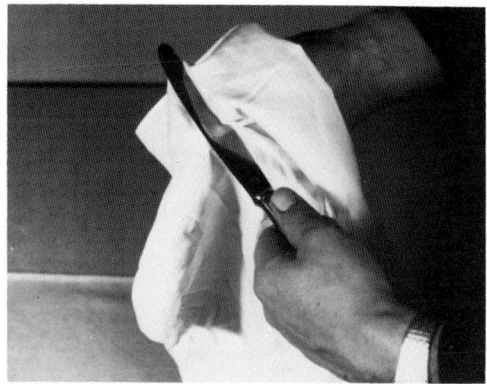

falsch

Andere Besteckteile sind in gleicher Weise zu behandeln. Bei Gabeln kontrollieren, ob Schmutzreste zwischen den Zinken beseitigt sind. Bei Löffeln auf Wasserflecke in der Löffelmulde achten.

Bestecke

Zahlreiche Häuser verwenden Bestecke und Tafelgeräte aus Silber, die allerdings besonderer Pflege bedürfen, da sie häufig anlaufen.

Pflege des Silberbestecks

Methode	Arbeitsschritte	Eignung
Silberputztuch	Silber mit dem Silberputztuch fest abreiben. Spülen, nachspülen, polieren.	Zum Reinigen von leicht angelaufenem Silber. Für stark angelaufenes Silber weniger geeignet, da man hierbei nur einen matten Glanz erhält.
Silbermilch	Silbermilch auf das Silber auftragen und gründlich verreiben. Spülen, nachspülen, polieren.	Für kleinere Mengen geeignet. Für die Gastronomie zu aufwendig und zu kostspielig.
Silbertauchbad	Kurzes Eintauchen des Silbers in die Flüssigkeit. Spülen, nachspülen, polieren.	Die Eintauchzeit richtet sich nach dem Verfärbungsgrad. Der schnellen, einfachen und sauberen Reinigung wegen ist dieses Verfahren sehr beliebt. Bei häufigem Gebrauch greifen einige Mittel die Silberauflage an.
Auskochen	In einen Aluminiumkessel mit Siebeinsatz galvanische Platten legen. Auf die Platten das Silber geben. Den Kessel mit kochendem Wasser auffüllen. Kristallsoda zugeben. Einige Zeit kochen lassen. Spülen, nachspülen, polieren.	Zur Reinigung größerer Silbermengen geeignet. Das Silber muß vollkommen fettfrei sein, sonst wirkt diese Methode nicht. Für die Gastronomie geeignet.
Schlämmkreide	Schlämmkreide und Spiritus zu einem glatten Brei verrühren, auf das Silber auftragen und wirken lassen. Spülen, nachspülen, polieren.	Das älteste und schonendste Verfahren zur Silberpflege. Das Silber erhält seinen ursprünglichen Glanz zurück. Vorsichtige Handhabung, da sonst der Arbeitsplatz zu sehr verschmutzt. Für die Gastronomie geeignet.

Merke:
Nach allen Methoden der Silberreinigung müssen die Besteckteile noch einmal gespült, nachgespült und poliert werden, damit keine unangenehmen Rückstände den Geschmack der Speisen beeinträchtigen.

1.2 Gläser

1.2.1 *Weingläser*

Weingläser müssen hinsichtlich ihrer Beschaffenheit und Form bestimmte Forderungen erfüllen:

Farbloses Glas, damit Farbe und Klarheit des Weines erkennbar sind.

Sich nach oben verjüngender Kelch, um das Bukett des Weines zu konzentrieren.

Weißweinglas

Da Weißwein gekühlt serviert und getrunken wird, hat das Weißweinglas einen kleinen Kelch und einen langen Stiel.

Der kleine Kelch verhindert ein zu schnelles Erwärmen des Weines durch die Luft. Da jeweils nur kleine Mengen eingeschenkt werden, wird außerdem durch das häufige Nachgießen von gekühltem Wein ein Erwärmen durch zu langes Stehen im Glas vermieden.

Der lange Stiel verhindert, daß der Wein durch die Handwärme erwärmt wird.

Merke:
Weißweingläser werden auch für Roséweine benutzt, die ebenfalls gekühlt serviert und getrunken werden.

Rotweinglas

Da Rotwein chambriert serviert und getrunken wird, hat das Rotweinglas einen großen Kelch und einen kurzen Stiel.

Der große Kelch fördert die Sauerstoffaufnahme und damit die Bukettentfaltung des Weines. Durch den kurzen Stiel kann die Handwärme zum gewünschten Temperieren beitragen.

Gläser

Regionalgläser

In jedem Weinanbaugebiet gibt es spezielle Gläserformen, die nur in regionalen Gastbetrieben eingesetzt werden.

Regionalgläser aus deutschen Weinanbaugebieten

| Hessische Bergstraße |  Rheinhessen |  Rheinpfalz |  Baden |

| Rheingau |  Mosel-Saar-Ruwer |  Mittelrhein |  Nahe |

Ahr

Württemberg

Franken

Regionalgläser aus französischen Weinanbaugebieten

rot / weiß — Bordeaux
rot / weiß — Burgund
Burgunder-Ballon
Champagne
Elsaß
Rosé de Provence
Anjou
Vouvray

1.2.2 Sektgläser

| Sektkelch | Sektschale | Sektspitze | Sektflöte |

Einsatz von Sektgläsern

Formen	Kennzeichen	Verwendung	Anmerkung
Sektkelch	Hohes Glas, relativ langer Stiel.	Besonders geeignet im Gedeck, da er von der Form her am besten zu Weißwein- und Rotweingläsern paßt.	Wegen der hohen Form, entweicht die Kohlensäure nicht so schnell.
Sektschale	Niedriges Glas, flache Schale und große Öffnung.	Im Gedeck weniger geeignet. Wird in der Bar als Cocktailglas benutzt, z.B. für Cobbler und Cocktails, die mit Sekt aufgefüllt sind. Sonst auch als Glas zum Servieren aus der Küche, z.B. Crevettencocktail.	Die große Öffnung läßt die Kohlensäure schneller entweichen.
Sektspitze, Sektflöte	Hohes, schmales Glas.	Bevorzugt für das Service von vorgeschenkten Gläsern, z.B. an der Sektbar, beim Sektempfang.	Durch die hohe, schmale Form hält sich die Kohlensäure hier am längsten.

1.2.3 Biergläser

Becher — Tulpe — Spitze — Krug — Röhre (Stange) — Schale

Einsatz der Biergläser

Formen	Kennzeichen	Verwendung	Anmerkung
Becher	Kein Stiel, fast gleicher Durchmesser vom Boden zur Öffnung.	Exportbier	Meistens aus Glas, aber auch aus Metall (z.B. Silber).
Tulpe	Langer Stiel, hohes Glas, das sich meist nach oben verjüngt.	Pilsbier	Die hohe Form ermöglicht eine schöne Bierkrone, die durch die Verjüngung des Glases noch gefördert wird. Zur Kategorie der Pilsgläser gehören auch die Bierschwenker.
Spitze	Kein Stiel, große Öffnung, Glas läuft spitz nach unten zu.	Weizenbier, Pilsener Urquell	Die große Öffnung begünstigt ein Entweichen der Kohlensäure.
Krug	Massives Glas mit Griff, großes Volumen.	Rustikales Biertrinken in Biergärten und Bierzelten.	Für gehobenes Service nicht geeignet.
Röhre (Stange)	Kein Stiel, schlankes, halbhohes Glas, gleichbleibender Durchmesser vom Boden bis zur Öffnung.	Alt-Bier	Nur für geringe Mengen.
Schale	Große Öffnung.	Berliner Weiße	Große Öffnung zum besseren Entweichen der Kohlensäure. Bier mit verschiedenen Sirups getrunken. Eventuell mit Trinkhalm servieren.

Gläser

1.2.4 Bargläser

Schwenker — Likörschale — Stamper — Whiskytumbler — Südweinglas

Einsatz der Spirituosengläser

Formen	Kennzeichen	Verwendung	Anmerkung
Schwenker	Bauchiges Glas, nach oben sich stark verjüngender Kelch.	Weinbrände und edle Obstbranntweine	Der sich nach oben verjüngende Kelch konzentriert das Aroma.
Likörschale	Kleines Volumen, flache Schalenform.	Liköre	Die flache Schale ermöglicht ein besseres Trinken dickflüssiger Liköre.
Stamper	Kleine, robuste Glasform, meist ohne Stiel.	Schnäpse	Werden zur Senkung der Temperatur klarer Schnäpse oft im Froster geeist.
Whiskytumbler	Kompaktes, halbhohes Glas ohne Stiel, große Glasöffnung, großes Volumen, hohe Standfestigkeit.	Whisky pur, on the rocks, d.h. mit Eiswürfeln oder mit Wasser	Genügend Volumen für die verschiedenen Servierarten (Eis, Wasser usw.).
Südweinglas	Kleines Glas mit geringem Volumen. In der Form den Weingläsern ähnlich.	Südweine wie Portwein, Sherry, Banyuls usw.	Verschiedene Glasformen je nach Anbaugebiet. Kleines Volumen, da Südweine sehr alkoholhaltig sind.

Restaurant

| Cocktailschale | Tumbler | Highballglas | Crustaglas | Pousse café-Glas | Flipglas |

Einsatz der Cocktailgläser

Formen	Kennzeichen	Verwendung	Anmerkung
Cocktailschale	Flaches Glas mit großer Öffnung. Ähnelt der Sektschale in der Form, ist jedoch etwas kleiner.	Gebaute Cocktails wie z.B. Cobbler, Prairie Oyster. Spezialcocktails, die mit Sekt aufgefüllt werden, wie z.B. Blaue Nacht, Marie Anne.	Große Öffnung der Glasschale erlaubt ein schnelles Trinken (ex), z.B. bei der Prairie Oyster. Obststücke können mit Kaffeelöffel leicht entnommen werden, z.B. bei einem Cobbler.
Tumbler	Relativ gleicher Durchmesser vom Boden bis zur Öffnung. Hohe Standfestigkeit. Je nach Cocktailart verschiedene Höhen.	Gerührte Cocktails, z.B. Manhattan. Whisky aufgefüllt mit Sodawasser, Cola usw.	Niedrige Tumblerform
		Geschüttelte Cocktails, z.B. Fizzes.	Hohe Tumblerform, z.B. für Fizzes, die mit Sodawasser aufgefüllt werden.
Highballglas	Ähnelt in der Form den Tumblern, ist jedoch breiter und höher.	Highballs	Große Glasform erlaubt Aufnahme der Zitronenspirale, wird aufgefüllt mit Ginger Ale.
Crustaglas	Ballonförmiges Glas mit kurzem Stiel. Enge Glasöffnung.	Crustas	Grundsätzlich mit Zuckerrand (Crusta = Kruste). Bauchige Form erlaubt die Aufnahme einer Zitronenspirale. Die enge Glasöffnung konzentriert das Aroma.

Formen	Kennzeichen	Verwendung	Anmerkung
Pousse café-Glas	Hohe, schmale Glasform mit breiter Öffnung.	Pousse café	Pousse café besteht aus der Kombination mehrerer Liköre. Durch das hohe, schmale Glas kommen die einzelnen Liköre mit unterschiedlichem spezifischem Gewicht besser zur Geltung.
Flipglas (Sektspitze)	Hohe, schmale Glasform.	Flips	Das hohe, schmale Glas eignet sich gut für das Trinken mit einem Trinkhalm.

1.2.5 Reinigung und Pflege der Gläser

Da der Gast das Glas zum Mund führt, muß es sich in einwandfreiem Zustand befinden. Der Reinigung der Gläser sollte daher besondere Aufmerksamkeit gewidmet werden.

Regeln für das Reinigen von Gläsern:
Beschädigte Gläser sofort aussortieren, um Verletzungsgefahr für den Gast und beim Spülen zu vermeiden!
Vorsichtig spülen, damit kein Glas zu Bruch geht (Verletzungsgefahr!). Daher nie mehrere Gläser gleichzeitig eintauchen!
Spülmittel verwenden: bei Verschmutzungen mit Fett und Lippenstift werden die Gläser sonst nicht sauber!
Gläser mit klarem Wasser nachspülen!
Spülmittelreste beeinträchtigen Geschmack, Aussehen und Qualität des Inhalts.
Gläser nicht nur abtrocknen, sondern auch mit sauberen, trockenen und fusselfreien Poliertüchern polieren.

Arbeitsschritte beim Polieren von Gläsern:

Zum Polieren die Gläser über einen Behälter mit heißem Wasser (Wasserdampf) anfeuchten.

Gläser nie mit der Hand, sondern mit dem Poliertuch anfassen.

Poliertuch mit beiden Händen so halten, daß es sich zwischen der Hand und dem Glas befindet. Dadurch werden Fingerabdrücke auf den Gläsern und auch Verletzungen vermieden.

Polierte Gläser gegen das Licht halten und auf Sauberkeit kontrollieren.

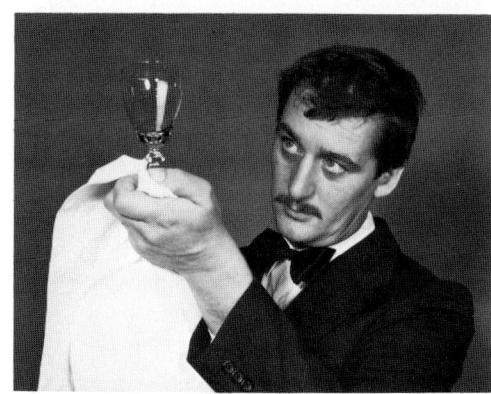

Merke:
Auf keinen Fall die Gläser anhauchen!

falsch

1.3 Porzellan

Porzellan ist das am häufigsten eingesetzte Geschirr.
Gründe:
Geschmacksneutralität
Unempfindlichkeit der Oberflächenglasur
Leichte Reinigungsmöglichkeiten
Temperaturunempfindlichkeit

Von den Porzellanteilen werden Teller besonders gepflegt. Da dem Gast die Teller eingesetzt werden, ist es wichtig, daß sie sich in einem einwandfreien Zustand befinden, d.h., die Teller müssen nach dem Reinigen poliert werden.

1.3.1 Reinigen und Polieren von Tellern

Arbeitsschritte beim Reinigen:

Vorspülen, um grobe Rückstände, z.B. Fett und Soßen, zu beseitigen
Spülen unter Verwendung von Spülmitteln
Nachspülen mit klarem Wasser
Abtrocknen

Merke:
Die abgetrockneten Teller müssen auf Sauberkeit kontrolliert werden!

Arbeitsschritte beim Polieren:

Teller mit dem Poliertuch mit beiden Händen halten, um Fingerabdrücke zu vermeiden!

Zuerst den Rand polieren, danach die Tellermitte und die Tellerunterseite.

Teller auf Glanz kontrollieren.

Merke:
Auf keinen Fall die Teller anhauchen!

1.4 Sonstige Servicegegenstände

Neben den bereits erwähnten Servicegegenständen werden im Service unter anderem benötigt:

Bezeichnung	Verwendung/Anmerkung	Servicegegenstand
Menagen	Zum Nachwürzen und Anmachen von Speisen. Sie sind unterschiedlich zusammengestellt wie z.B. Salz und Pfeffer Salz, Pfeffer und Senf Essig und Öl Essig, Öl, Salz, Pfeffer und Senf Spezialwürze wie Tabasco, Worcestershiresauce usw.	
Pfeffermühle	Zum Mahlen von Pfefferkörnern. Wird vor allem beim Zubereiten von Speisen am Tisch des Gastes verwendet.	
Salzmühle	Zum Mahlen von Steinsalz.	
Brotkorb	Zum Einsatz bzw. Vorlegen von Brot, Tafelbrötchen und Toast.	
Fingerschale (Fingerbowle)	Schale mit lauwarmem Wasser und einer Zitronenscheibe, wird bei Speisen eingesetzt, die mit den Fingern gegessen werden, z.B. Froschschenkel, Hähnchen, Artischocken usw.	

Sonstige Servicegegenstände

Bezeichnung	Verwendung/Anmerkung	Servicegegenstand
Weinkorb (Dekantierkorb)	Zum Service von Rotweinen, besonders älteren Weinen.	
Wein-, Sektkühler	Zum Service und Kühlen von Weißwein und Sekt.	
Tellerrechaud	Zum Erwärmen und Warmhalten der Teller.	
Rechauds (Wärmeplatten)	Zum Warmhalten der Speisen am Tisch des Gastes.	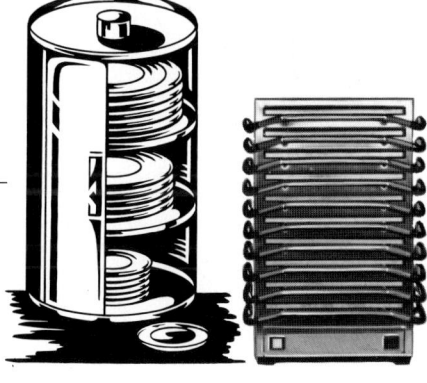
Cloche	Zum Abdecken der Platten bzw. Teller während des Transports von der Küche zum Tisch des Gastes.	

1.5 Tischwäsche

1.5.1 *Arten der Tischwäsche*

Die *Moltondecke* (das Molton, franz.: le molleton) ist eine Schutz- und Schondecke aus Baumwolle, die unter die Tischdecke gelegt wird. Sie muß straff und glatt über den Tisch gespannt sein. Sie

schützt die Tischplatte
verhindert das Rutschen der Tischdecke
schützt damit die Tischdecke (kein Scheuern an Ecken und Kanten)
sichert leises Service
läßt die Tischdecke gefälliger fallen, da keine scharfen Knicke an den Tischkanten entstehen

Die *Tischdecke* (franz.: la nappe) liegt über der Moltondecke und wird aus optischen Gründen aufgelegt, d.h. sie gibt dem Restaurant ein eleganteres Bild als blanke Tische.
Eine richtig gebügelte Tischdecke zeigt beim Entfalten verschiedene Brüche.

Brüche einer Tischdecke:

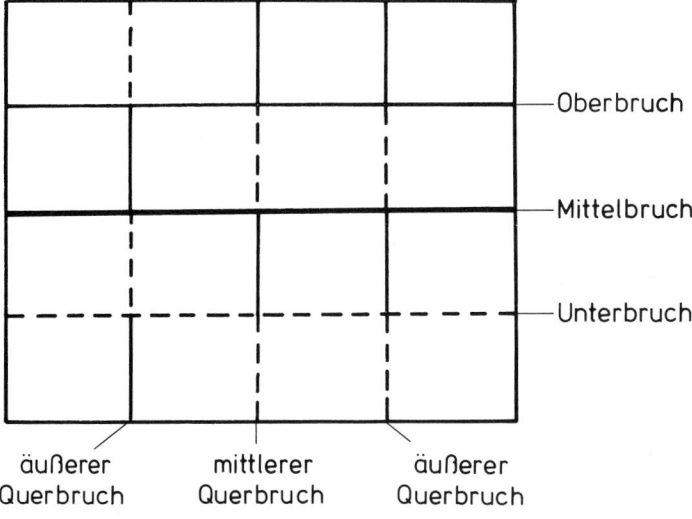

Die *Deckserviette* (franz.: le napperon) kommt auf die Tischdecke und hat folgende Funktionen:

schützt die Tischdecke
verdeckt kleinere Flecken bei einer sonst sauberen Decke

Merke:
Die Deckserviette kann auf zwei Arten aufgelegt werden:
diagonal zur Tischdecke
in gleicher Richtung der Tischdecke

Tischwäsche

Die *Mundserviette* (franz.: la serviette) ist Bestandteil des Gedecks und wird in die dekorative Gestaltung des Tisches mit einbezogen. Dem Gast dient sie zum:
Schutz der Kleidung vor Flecken durch Speisen und Getränke
Abtupfen des Mundes beim Essen und Trinken
Abtrocknen der Finger bei Benutzung von Fingerschalen

1.5.2 Größen der Tischwäsche

Tischwäsche ist in festgelegten Größen im Handel erhältlich:

Tischtücher:	Sie sollen so groß sein, daß ein Überhang von 20 bis 25 cm an allen Seiten möglich ist.
	Gebräuchlichste Größen:
	130 × 130 cm, 130 × 140 cm
	140 × 140 cm, 160 × 160 cm
	160 × 200 cm und länger
Deckservietten:	80 × 80 cm, 90 × 90 cm
Mundservietten:	50 × 50 cm, 56 × 56 cm
	40 × 40 cm (Frühstücksservietten)

1.5.3 Aufbewahrung der Tischwäsche

Frische Tischwäsche darf keiner Verschmutzung ausgesetzt werden. Deshalb wird sie
in einem trockenen, staubfreien und abschließbaren Schrank aufbewahrt,
nach Art und Größe übersichtlich geordnet,
auf Kanten gesetzt gelagert, wobei die geschlossene Seite nach vorne zu liegen kommt.

Merke:
Tischwäsche muß im Wechsel zur Verwendung kommen, damit das Entstehen von vergilbten Rändern vermieden wird. Besondere Tafeltuchgrößen, die seltener benutzt werden, müssen zusätzlich in Tücher eingeschlagen werden!

Bei der Aufbewahrung von *gebrauchter Tischwäsche* sollte beachtet werden:
Feuchte Schmutzwäsche von trockener Schmutzwäsche trennen.
Bis zum Waschen so lagern, daß eine Luftzirkulation möglich ist.
Feuchte Tischwäsche nicht lange liegen lassen, da sonst Stockflecken entstehen.
Beim Lagern in Körben oder anderen Behältern beachten, daß kein Zerreißen durch schadhafte Stellen erfolgt oder Rostflecke entstehen.

1.6 Vorbereitungsarbeiten für das Service

1.6.1 *Mise en place*

Der Begriff „mise en place" ist aus dem Französischen „mettre les choses en place" abgeleitet, was soviel heißt wie „die Sachen an ihren Platz stellen bzw. legen".

Das bedeutet, daß alle notwendigen Gebrauchsgegenstände und Materialien für das Service in bestem Zustand und in günstiger Lage vorzubereiten sind, damit ein reibungsloser Ablauf des Service gewährleistet ist.

Zu diesen Vorbereitungsarbeiten zählen:

Arbeiten im Office
Arbeiten im Restaurant

Mise en place im Office

Unter Office versteht man den vom Restaurant getrennten Vorbereitungsraum für die täglichen Arbeiten. Zu den Vorbereitungsarbeiten im Office zählen:

Pflege der Menagen

Menagen	Tägliche Arbeiten	Anmerkung
Salzstreuer	Zu $^3/_4$ auffüllen und mit einem Tuch säubern.	Auf guten Verschluß achten!
	Wenn nötig, vorher auswaschen und gründlich abtrocknen.	Salzstreuer zum Austrocknen in ein Rechaud stellen.
	Einige Körner Reis in den Salzstreuer geben.	Durch den Stärkegehalt der Reiskörner wird die Feuchtigkeit aufgesaugt, und das Salz bleibt streufähig.
Pfefferstreuer	Gleiche Behandlung wie bei Salzstreuern.	Auf guten Verschluß achten! Verschlußkappe nicht mit der des Salzes verwechseln!
	Zu $^3/_4$ mit weißem oder schwarzem Pfeffer füllen.	
Salzmühle	Gleiche Behandlung wie bei Salzstreuer. Zum Füllen grobes Steinsalz verwenden.	Steinsalz trocken lagern! Mahlwerk überprüfen!
	Keine Reiskörner zugeben!	
Pfeffermühle	Zu $^3/_4$ mit weißem oder schwarzem Pfeffer füllen. Mit einem Tuch säubern.	Mahlwerk überprüfen!

Vorbereitungsarbeiten für das Service

Menagen	Tägliche Arbeiten	Anmerkung
Senfbehälter	Täglich entleeren, auswaschen und mit dem wieder verwendbaren Senf zu $2/3$ bis $3/4$ neu füllen. (Gebräuchlichste Arten: deutscher und französischer Senf sind kremig, englischer Senf: Senfpulver mit Wasser anrühren.)	Senfgefäß muß sauber auf den Tisch kommen. Horn- oder Plastiklöffel verwenden. Keine Metall-Löffel, da sie anlaufen.
Essig-Öl-Menagen	Ständer und Flaschen täglich von außen reinigen. Beide Flaschen müssen immer klar sein. Wenn nötig entleeren und innen gründlich reinigen.	Zur besseren Unterscheidung kann der Essig mit einigen Tropfen Rotwein gefärbt werden.
Gewürzsoßen in Originalflaschen	Die im Service gebräuchlichen Würzsoßen, z.B. Ketchup, Worcestershiresauce usw. täglich kontrollieren und feucht abreiben, insbesondere den inneren Flaschenhals und den Verschluß.	Feuchtes Tuch oder Papiertuch verwenden!
Zuckerstreuer, Zuckerschale, Zuckerportionierer	Täglich reinigen wie Salzstreuer, jedoch ohne Reiszugabe.	
Gefäß für geriebenen Käse	Täglich kontrollieren, reinigen, wenn nötig nachfüllen.	

Pflege von Besteck und Geschirr

Gläser spülen und nachspülen

Gläser auf einem Tuch oder Abtropfblech abtropfen lassen.
Mit einem trockenen und sauberen Poliertuch polieren.
Gläser nach Art und Größe sortieren und in den Gläserschrank einräumen, sofern sie nicht im Service gebraucht werden.

Bestecke reinigen und polieren

Bestecke nach Art und Größe sortieren und geordnet in Schubladen oder sonstige Behälter einräumen.
Silber kontrollieren und gegebenenfalls nachreinigen und polieren.

Porzellan reinigen und polieren

Teller auf Schadstellen kontrollieren.
Teller polieren und in das (ausgewaschene) Rechaud stellen.
Porzellan nach Art, Größe, Muster usw. sortieren.
Porzellan für warme Gerichte und heiße Getränke im Rechaud warmstellen.

Pflege sonstiger Geräte

Rechauds:

Plattenrechauds je nach Art (Spiritus-, Elektro-, Kerzenrechauds) reinigen und betriebsbereit halten.

Spiritusrechaud: auffüllen und reinigen.
Elektrorechaud: reinigen, polieren, einschalten.
Kerzenrechaud: reinigen, Kerzen erneuern, Wachsrückstände mit heißem Wasser entfernen, nicht mit harten Gegenständen abkratzen.

Servierwagen/Flambierwagen:

Je nach Material reinigen, funktions- und betriebsbereit halten.

Brenner bei Gasgeräten überprüfen.
Spiritusbehälter auffüllen.
Ersatzflaschen bereitstellen.
Vorlegebestecke richten.
Für den Tagesgebrauch vollständig herrichten.

Flambiergeräte und Kochgeschirr:

Je nach Material mit geeignetem Pflegemittel reinigen.

Blumenvasen:

Gefäße sauber halten, Wasser wechseln.
Blumen auf Frische und Feuchtigkeit kontrollieren.

Kerzenständer:

Wachs mit heißem Wasser entfernen.
Kerzen oben am Docht kurz anbrennen und auf guten Stand überprüfen.

Tabletts:

Waschen und polieren, gegebenenfalls mit entsprechendem Mittel reinigen.

Aschenbecher:

Mit Spülmittel waschen, nicht nur trocken reinigen.

Sekt- und Weinkühler:

Kontrollieren, gegebenenfalls säubern und polieren.

Letzte Arbeiten vor Servicebeginn

Brotkörbe richten.
Butter-/Schmalztöpfchen richten.
Unterteller, z.B. als Untersatz für Suppen, Glasschalen, Schüsseln usw. mit Papiersets versehen.
Eiswürfel für den Aperitifwagen richten.
Dessertwagen richten.
Speisen- und Getränkekarten an der Ausgabe und an der Kasse auf Gültigkeit überprüfen und bereitlegen.
Herrichten der Speisenausgabe, z.B. Suppenteller vorbereiten, Vorleger richten, sonstige, eventuell benötigte Besteckteile richten usw.
Office aufräumen.

Vorbereitungsarbeiten für das Service

Mise en place im Restaurant

Bevor das Restaurant zum Empfang der Gäste hergerichtet wird, muß der Raum auf Sauberkeit überprüft werden. Es ist auch auf angenehme Raumtemperatur und frische Luft zu achten.

Beim Herrichten des Restaurants sind folgende Arbeitsschritte einzuhalten:

Restaurant stationsgerecht einrichten.
Tische und Stühle nach dem im Office hängenden Tischplan ausrichten. Darauf achten, daß die Tische in einer Flucht stehen (je nach räumlichen Gegebenheiten längs, quer oder diagonal).

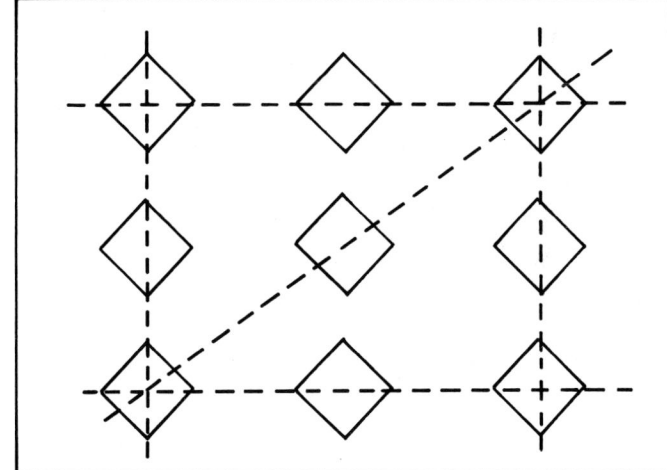

Beispiel für die Anordnung von Tischen

Stand der Tische überprüfen, d.h. wackelnde Tische durch Unterlagen wie z.B. Gummiuntersetzer oder Korkscheiben ausgleichen.

Merke:
Keine Bierdeckel oder zusammengefaltete Speisenkarten unterlegen!

Tischdecken auflegen.

Merke:
Damit alle Tischdecken in einer Flucht liegen, werden sie von einer Seite aus aufgelegt. Dabei werden die Tischdecken, wie in der folgenden Abbildung dargestellt, aufgelegt.

Beispiel a:
Der Oberbruch verläuft parallel zum Fenster.

Beispiele b und c:
Der Oberbruch verläuft vom Eingang aus gesehen auf der rechten Seite der Tische.

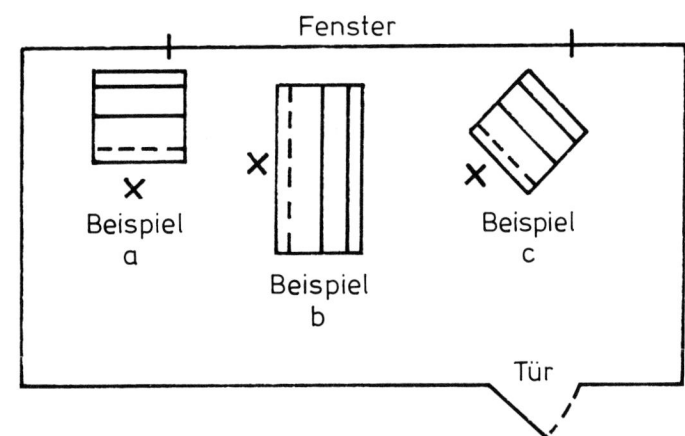

Beispiele für das Auflegen von Tischdecken

Tische für das entsprechende Service eindecken.

Merke:
Vor dem Eindecken zuerst die Stühle ausrichten, um die Gedeckmitte zu ermitteln.

Blumen- und Tafelschmuck aufstellen.

Menagen einsetzen, d.h. nur Salz und Pfeffer werden auf die Tische gestellt.

Das Einsetzen weiterer Menagen richtet sich nach der Art der Speise.

Aschenbecher aufstellen.

Merke:
Im alltäglichen Restaurantservice werden die Aschenbecher vor dem Service mit eingedeckt. Bei der Festtafel und beim Frühstückstisch werden die Aschenbecher auf dem Servicetisch bereitgestellt und bei Bedarf eingesetzt.

Servicetische richten.

Letzte Kontrolle, d.h. Gesamteindruck der Tische und Stühle überprüfen.

1.6.2 Servicetisch

Servicetischarten

Serviceschrank (franz.: console)

Schränke mit Aufsatz, in denen Tischwäsche, Bestecke, Geschirr usw. aufbewahrt werden. Sie stehen an servicegünstigen Stellen in den einzelnen Stationen.

Beistelltisch (franz.: guéridon)

Kleinere Tische für Arbeiten am Tisch des Gastes. In der Regel werden hier nur Vorleger gerichtet.

Je nach Speisenfolge und Serviceart werden die dann notwendigen Servicegegenstände ergänzt.

Merke:
Der Beistelltisch ist nicht die Verlängerung des Restauranttisches!

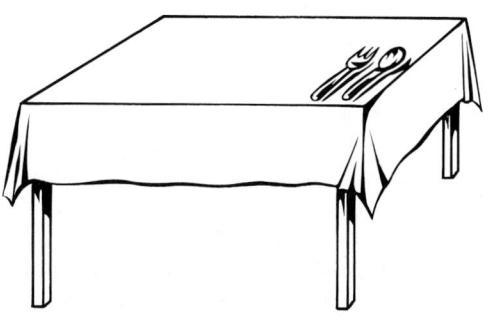

Vorbereitungsarbeiten für das Service

Großer Servicetisch
(franz.: table de service)

Tische an servicegünstigen Stellen im Restaurant, auf denen die zum Service notwendigen Gegenstände bereitgehalten werden.

Mögliche Einteilung auf einem Servicetisch

Mise en place am Servicetisch

Das Herrichten eines Servicetisches hat nach praktischen Gesichtspunkten zu erfolgen. Hierbei sind folgende allgemeine Regeln zu beachten:

Die Anordnung der Porzellan- und Besteckteile usw. richtet sich nach der Häufigkeit des Gebrauchs.

Die Gegenstände müssen sich immer auf dem gleichen Platz befinden.

Größere Sachen wie Tellerstapel, Rechauds usw. und weniger oft gebrauchte Sachen wie z.B. Gewürzsoßen, stehen hinten.

Häufig gebrauchte Gegenstände wie z.B. Bestecke, kommen nach vorne, wobei die häufigst gebrauchten Teile, z.B. Vorleger, ganz rechts liegen.

Den vorderen Bereich als Arbeitsfläche freilassen, z.B. Aufsetzen der Suppentassen auf Unterteller, kurzes Abstellen von Speisen und Getränken, Aufnahme der Vorlegebestecke usw.

Merke:
Je gewissenhafter die Vorbereitungen getroffen werden, desto störungsfreier und zufriedenstellender läuft das Service ab. Die Servicetische dürfen nur kurze Zeit als Abstellplatz dienen, keinesfalls Sammelstelle für benutztes Geschirr werden.

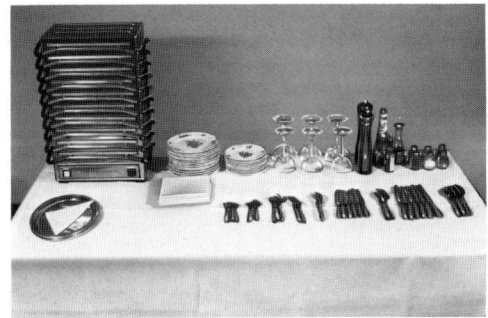

Letzte Arbeiten vor Servicebeginn

Serviceeinteilung.

Bereitlegen der aktuellen Speisen- und Getränkekarten und Überprüfen ihrer Gültigkeit.

Kennenlernen des aktuellen Angebotes an Speisen und Getränken.

Merke:
Warenkenntnis ist Voraussetzung für den späteren Verkauf! Daher die Karte genau studieren und Informationen über Zubereitungsarten einholen!

1.7 Der gedeckte Tisch

1.7.1 Auflegen und Abnehmen der Tischdecken

Auflegen einer Tischdecke

Arbeitsschritte:

Moltondecke über den Tisch spannen.

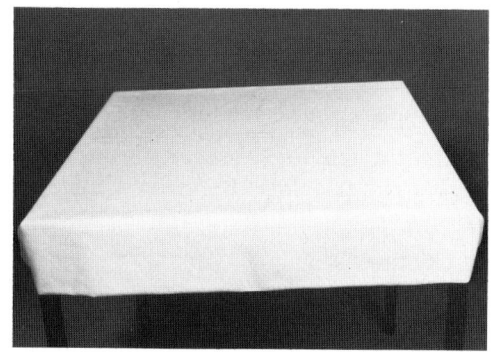

Tischdecke so entfalten, daß der Mittelbruch nach oben, die beiden offenen Kanten nach unten liegen und

das Tischtuch auf beiden Seiten des Tisches rechts und links gleich lang überhängt.

Tischdecke so anfassen, daß entweder

der Mittelbruch zwischen Daumen und Zeigefinger, die darunterliegende Kante zwischen Zeigefinger und Mittelfinger gehalten wird oder

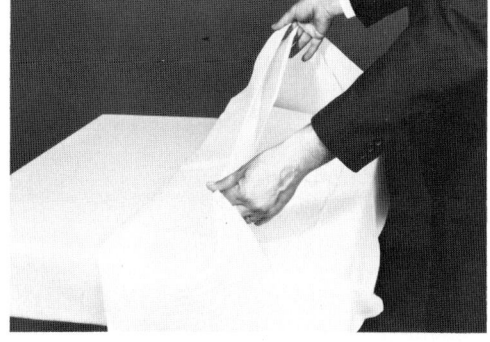

der Mittelbruch zwischen Mittel- und Zeigefinger, die darunterliegende Kante zwischen Zeigefinger und Daumen gehalten wird.

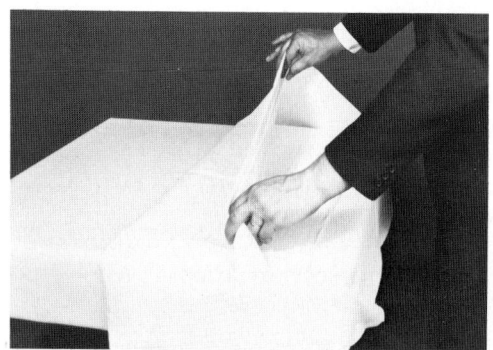

Merke:
In beiden Fällen liegt die untere Kante frei!

Der gedeckte Tisch

Tischdecke anheben und die freiliegende Kante in angemessener Länge leicht über die gegenüberliegende Tischkante schwingen.

Kontrollieren, ob der Bruch gerade und parallel zur Tischkante liegt.

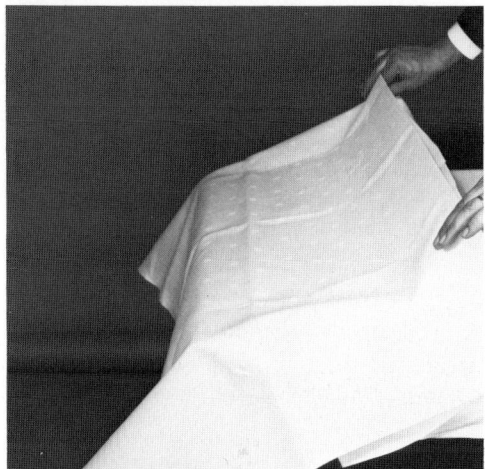

Mittelbruch loslassen und die Decke zu sich über die freie Tischkante ziehen.

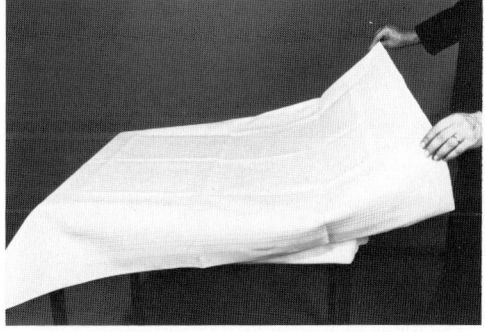

Merke:
Die Tischdecke sollte über alle vier Tischkanten gleichlang überhängen!
Brüche müssen parallel und mit gleichen Abständen zur Tischkante liegen!
Bereits liegende Decke nicht durch Ziehen und Zerren ausrichten!
Zur Korrektur kann man etwas Luft unterfächeln.
Decke nicht mit der Hand glattstreichen, damit die Brüche sichtbar bleiben!

Zusammenlegen einer Tischdecke

Arbeitsschritte:

Sich parallel zum Mittelbruch stellen, mit Daumen und Zeigefinger beider Hände möglichst weit außen den Mittelbruch der Tischdecke fassen und die Decke vom Tisch abheben.

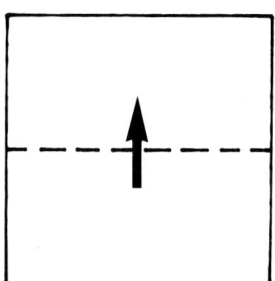

Den Mittelbruch strammziehen. Die Decke ist jetzt einmal gefaltet.

Decke auf den Tisch zurücklegen, nochmals der Länge nach in die ursprünglichen Längsbrüche falten und nach beiden Seiten leicht ausstreichen.

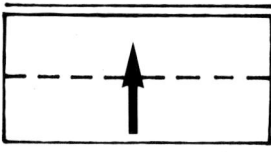

Die längsgefaltete Decke in den mittleren Querbruch falten.

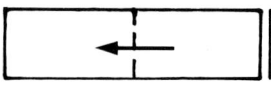

Nun die Decke in die äußeren Querbrüche zurücklegen.

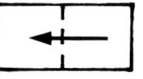

Die Tischdecke liegt in ihren Brüchen.

Merke:
Beim Zusammenlegen einer Tischdecke darauf achten, daß die einzelnen Brüche wieder genau aufeinander liegen. Falten und Unebenheiten kann man mit einer Hand vorsichtig ausglätten.

Wechseln der Tischdecke vor den Augen des Gastes

Es ist möglich, daß während des Service eine Tischdecke so verschmutzt wird, z.B. durch Umschütten von Rotwein und Soßen, daß das Auflegen einer Deckserviette nicht mehr ausreicht.

Hier muß vor den Augen des Gastes die Tischdecke so ausgewechselt werden, daß das Molton nur kurz sichtbar wird.

Es wird also eine saubere Tischdecke aufgelegt und dabei gleichzeitig die verschmutzte Decke abgenommen.

Der gedeckte Tisch

Arbeitsschritte:

Feuchte Stellen zuerst mit einer Papierserviette aufwischen und trocknen.

Verschmutzte Decke auf der gegenüberliegenden Seite etwas über die Tischkante anheben.

Saubere Decke wie beschrieben in den Längsbruch entfalten, den Mittelbruch zwischen Daumen und Zeigefinger, die darunterliegende Kante zwischen Zeige- und Mittelfinger halten.

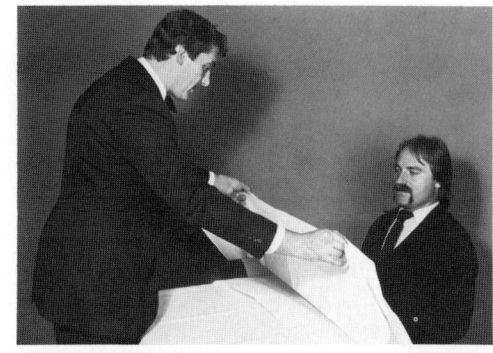

Gleichzeitig die verschmutzte Decke mit Mittel- und Ringfinger fassen.

Prüfen, ob der Oberbruch der sauberen Decke gerade und parallel zur Tischkante liegt.

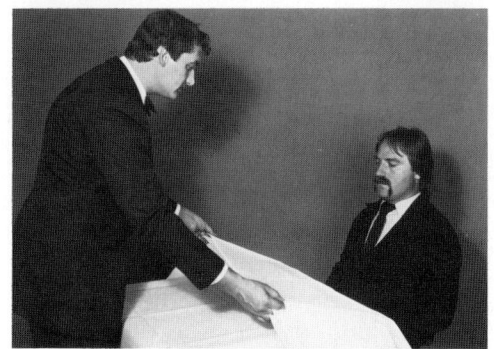

Mittelbruch der sauberen Decke freigeben und beide Decken gleichzeitig anziehen.

Saubere Decke über den Tisch ausbreiten, während die verschmutzte Decke ganz vom Tisch gezogen wird.

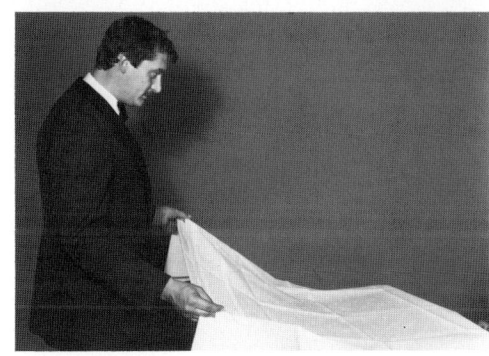

Saubere Decke loslassen.

Sie liegt nun auf dem Tisch, während die verschmutzte Decke noch gehalten wird.

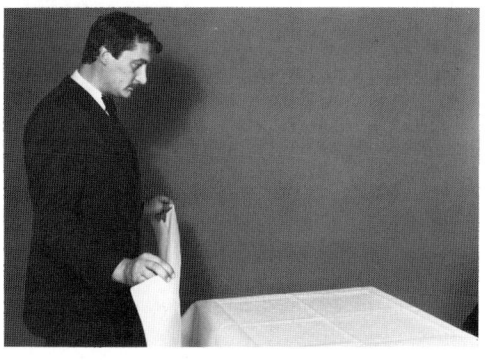

Auflegen der Tafeldecken

Je nach Tafelform müssen mehrere Tafeldecken aufgelegt werden. Wegen der Länge der Tafeldecken sind hierzu zwei Personen erforderlich.

Arbeitsschritte:
Tafeldecken auf den vorderen Rand der Tafel legen.
Decken nach beiden Seiten auseinanderschlagen, bis sie über ihre gesamte Länge auf der Tafel liegen.
An beiden Enden der Tafeldecken die Zipfel der Decke mit Daumen und Zeigefinger fassen, die Decke leicht aufwerfen und auseinanderfalten.

Merke:
Der Mittelbruch muß nach oben liegen!
Die Seitenbrüche liegen je nach Breite der Tafel parallel zur Tischkante bzw. genau auf der Tischkante.

Beim Auflegen mehrerer Tafeldecken zuerst die Decke auf der der Tür entgegengesetzten Seite der Tafel auflegen.

Nächste Decke über die erste Decke legen. Somit sind Überlagerungen der Decken von der Tür aus nicht zu sehen!

Je nach Breite der Tafel kann die Tafeldecke unterschiedlich aufgelegt werden.

1. Eine Tafeldecke reicht in der Breite für die Tafel aus. Die Seitenbrüche liegen parallel zur Tischkante.

   U = Unterbruch
   M = Mittelbruch
   O = Oberbruch

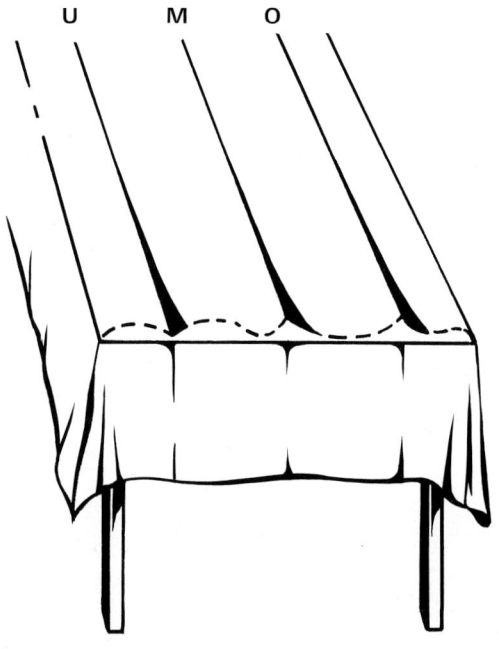

2. Zwei Tafeldecken werden für die Breite der Tafel benötigt. Die Oberbrüche liegen auf der Tischkante.

M = Mittelbruch
O = Oberbruch

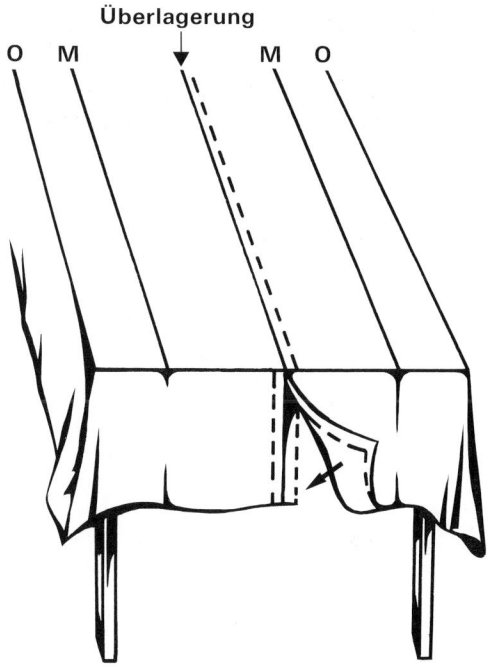

1.7.2 Brechen von Mundservietten

Um den Tisch dekorativer zu gestalten, wird die Mundserviette durch Brechen in verschiedene Formen gebracht, wobei der Anlaß berücksichtigt werden sollte.
Dabei ist zu beachten: Je dekorativer die Form, desto aufwendiger die Arbeitsschritte.

Einfache Formen

Die Tafelspitze

Arbeitsschritte:

Serviette mit den offenen Kanten zu sich hin aufklappen.

Obere Ecken zur Mitte hin diagonal brechen.

Das entstandene Dreieck zu einer Spitze zusammenbiegen und aufstellen.

Die Tüte

Arbeitsschritte:

Serviette mit den offenen Kanten zu sich hin aufklappen.

Rechte obere Ecke wie zur Formung einer Tüte diagonal nach innen bis zur Mitte des unteren Randes eindrehen.

Linke Hälfte der Serviette so über den rechten, schon geformten Teil einschlagen,

daß die unteren Spitzen aufeinanderliegen.

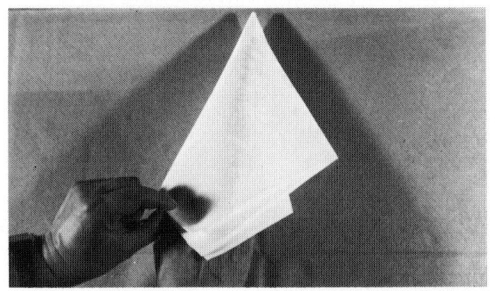

Serviette umdrehen und die überragenden Spitzen nach außen umschlagen.

Serviette mit der umgeschlagenen Spitze zum Gast hin aufstellen.

Die einfache Bischofsmütze

Arbeitsschritte:

Geschlossene Serviette mit den offenen Ecken von sich weg hinlegen.

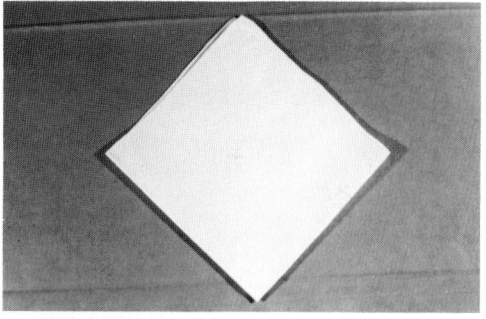

Serviette in der Mitte nach oben brechen.

Die beiden äußeren Ecken nach hinten umschlagen und soweit ineinander stecken, daß die Serviette sich nicht mehr öffnet.

Mit der Vorderseite zum Gast aufstellen.

Die einfache Welle

Arbeitsschritte:

Serviette mit den offenen Kanten zu sich hin aufklappen.

Linke Hälfte bis zur Mitte einklappen.

Eingeklappte Hälfte auf die andere Hälfte umklappen.

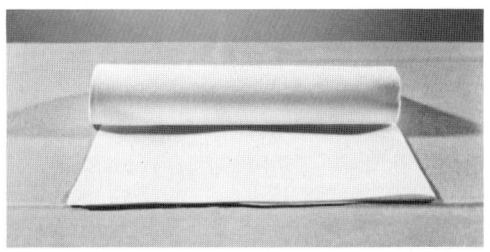

Welle so einsetzen, daß sie zum Gast zeigt.

Die dreifache Welle oder Treppe

Arbeitsschritte:

Serviette nach beiden Seiten aufklappen.

Linkes und rechtes Drittel nach innen einschlagen.

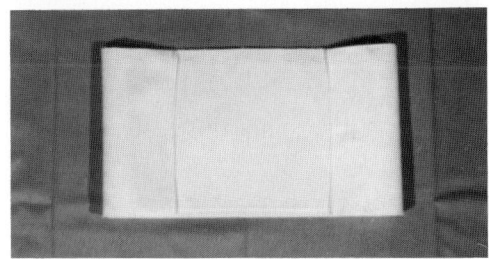

Rechte Seite auf das mittlere Drittel umklappen.

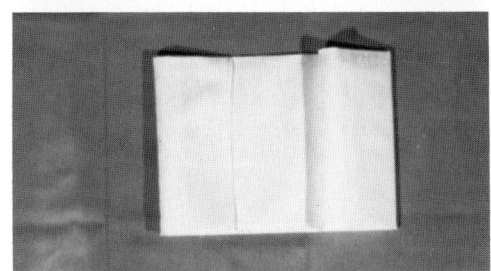

Den mittleren Teil der Serviette nun anheben und zusammen mit der Rolle auf den linken Umschlag legen.

Serviette zeigt die Form einer Welle oder einer Treppe und wird so eingesetzt, daß die Welle vom Gast wegzeigt.

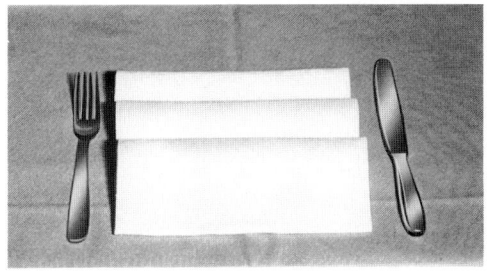

Klassische Formen

Die Krone oder doppelte Bischofsmütze

Arbeitsschritte:

Serviette mit den offenen Kanten zu sich aufklappen.

Rechte obere und die linke untere Ecke diagonal zur Mitte hin brechen.

Serviette umdrehen.

Serviette der Länge nach zu sich in der Mitte brechen, dabei die linke Spitze freilegen.

Linke Spitze nach unten klappen.

Rechte äußere Seite bis zur Mitte der oberen Spitze nach links brechen.

Untere, aufgeklappte Spitze wieder nach oben klappen und die Serviette umdrehen.

Rechte äußere Seite wieder bis zur Mitte der oberen Spitze nach links brechen.

Den freien Teil der Serviette nach innen einlegen.

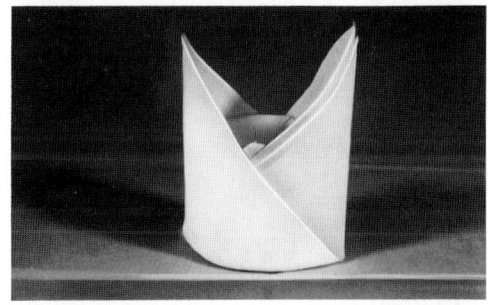

Den unteren Hohlraum ein wenig auswölben und die Serviette entweder als Krone oder als doppelte Bischofsmütze aufstellen.

Die Lilie (A)

Arbeitsschritte:

Serviette ganz aufschlagen.

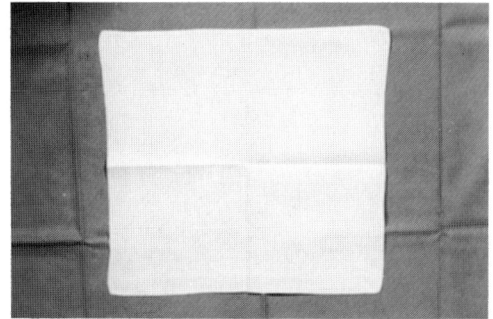

Diagonal in der Mitte brechen.

Untere Ecken diagonal zur Spitze hin brechen.

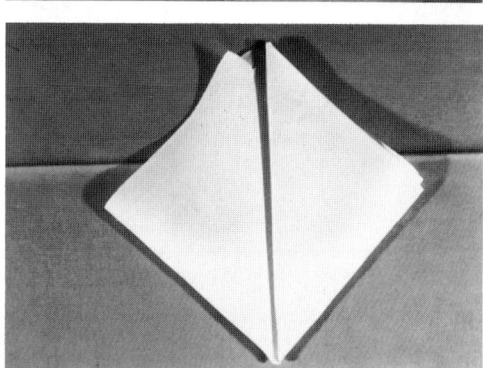

Serviette umdrehen.

In der Mitte brechen.

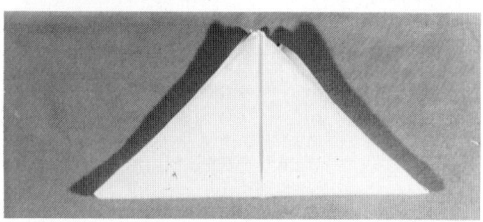

Der gedeckte Tisch

Beide Ecken umschlagen und ineinander stecken (siehe: Einfache Bischofsmütze).

Offene Spitzen nach unten umschlagen.

Serviette so aufstellen, daß die Lilie zum Gast zeigt.

Die Lilie (B)

Arbeitsschritte:

Serviette ganz aufschlagen.

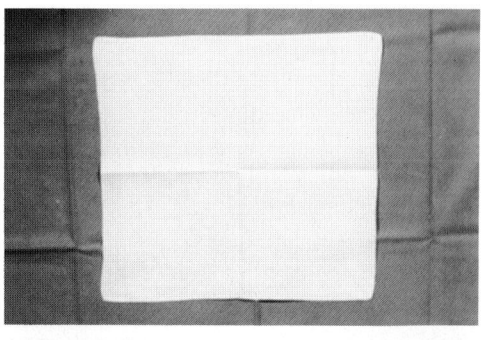

Diagonal in der Mitte brechen.

Untere Ecken diagonal zur Spitze hin brechen.

Serviette etwas unterhalb der Mitte nach oben brechen.

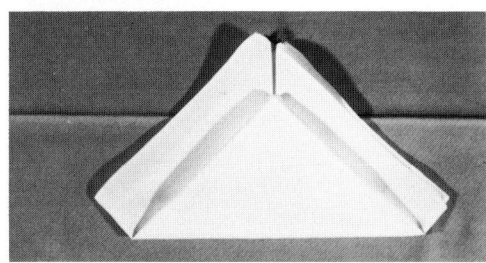

Spitze des nach oben gebrochenen Teils nach unten abknicken.

Beide Ecken nach hinten umschlagen und ineinander stecken.

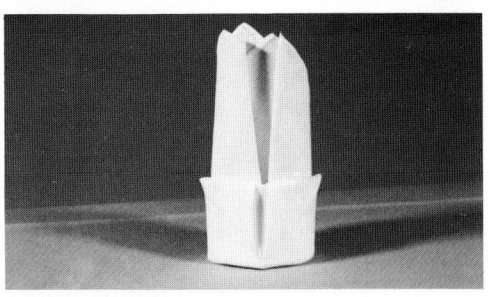

Offene Spitzen nach unten umschlagen und Serviette so aufstellen, daß die Lilie zum Gast zeigt.

Der gedeckte Tisch

Der Standfächer (italienischer Fächer)

Arbeitsschritte:

Serviette mit den offenen Kanten zu sich hin aufklappen.

Von rechts außen bis eine Falte über die Mitte in Fächerform brechen, wobei die einzelnen Abstände (ca. 1 bis 2 cm) gleich sein müssen.

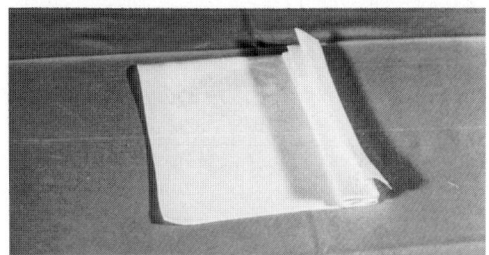

Serviette umdrehen, damit die geschlossene Seite oben liegt.

In der Mitte der Länge nach nach oben brechen.

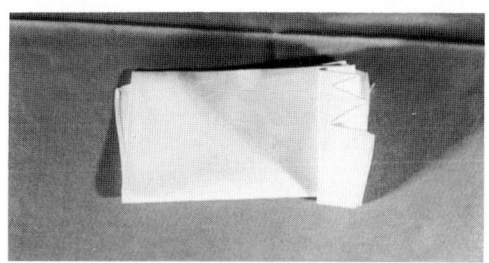

Den freiliegenden Teil der Serviette diagonal nach unten brechen. Die Kante muß dabei eng am Fächer anliegen.

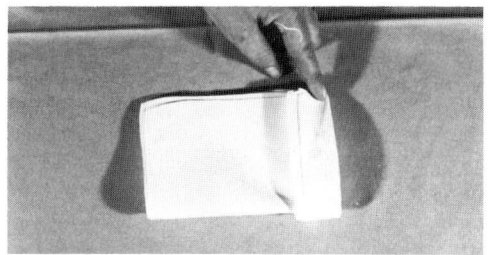

Den überstehenden Teil nach hinten umklappen, was der Serviette einen besseren Halt gibt.

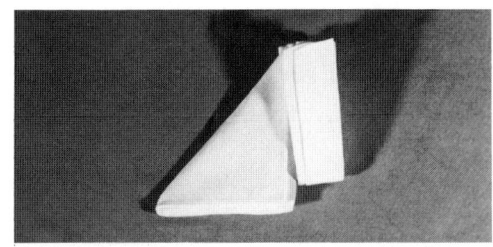

Serviette aufstellen und an den oberen Enden auseinanderfalten, wobei sie die Form eines Fächers einnimmt.

Serviette mit der Fächerseite schräg oder gerade zum Gast hin aufstellen.

Der Sternfächer

Arbeitsschritte:

Serviette mit den offenen Kanten zu sich hin aufschlagen.

Den obenliegenden freien Rand zu zwei Dritteln nach oben brechen.

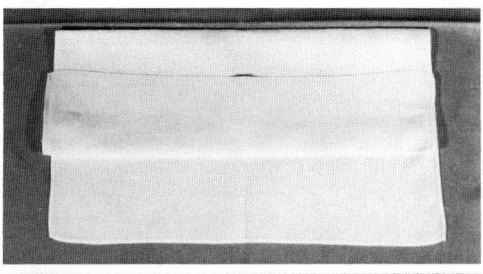

Serviette umdrehen und die zweite freie Kante ebenfalls zu zwei Dritteln nach oben brechen.

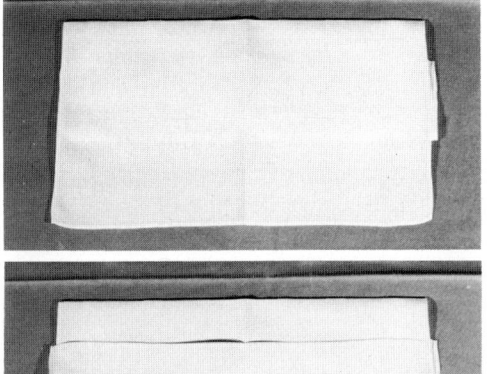

Linke Serviettenseite nach rechts brechen.

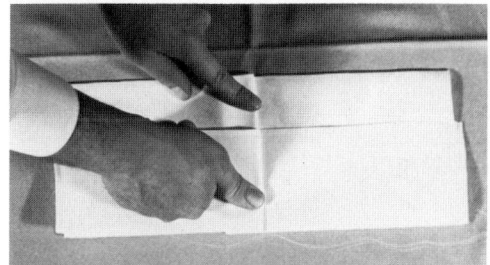

Von innen nach außen die linke Serviettenseite in Fächerform brechen, wobei die einzelnen Abstände 1,5 bis 2 cm betragen sollen.

Serviette umdrehen.

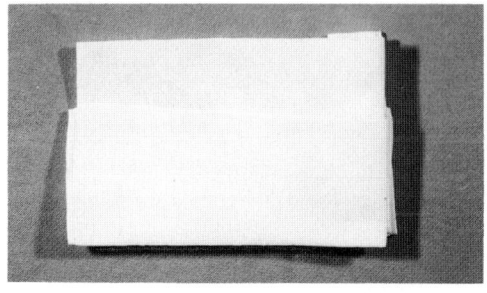

Zweite Serviettenseite ebenfalls von innen nach außen in Fächerform brechen.

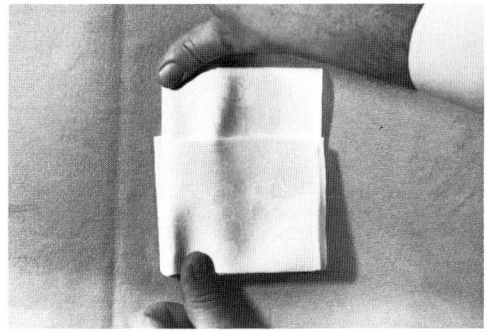

Serviette an beiden oberen Enden auseinanderfalten, wobei sie die Form eines Fächers einnimmt.

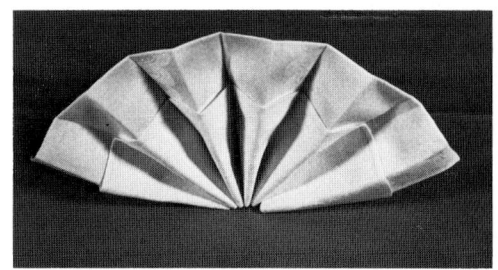

Um einen Sternfächer zu brechen, die eingeschlagenen Ränder in den einzelnen Fächerbeugen nach vorne ziehen und einknicken.

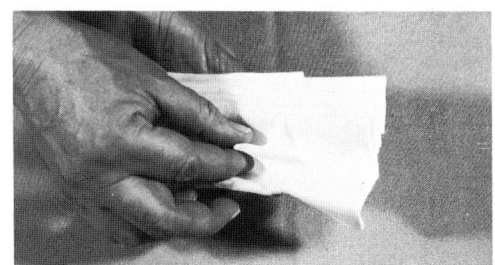

Der aufgeschlagene Fächer gleicht nun dem oberen Teil eines Sterns.

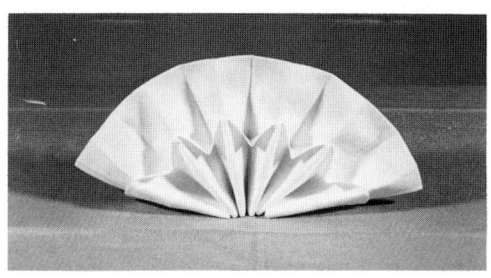

Serviette mit der Fächerseite schräg zum Gast hin aufstellen.

Der gedeckte Tisch

1.7.3 Gedeckarten

Forderungen an das Gedeck

Beim Eindecken des Gedecks sind bestimmte Regeln zu beachten; diese „10 Gebote" des Eindeckens gelten für alle Gedeckarten.

1. Eingedeckt wird nach vorgegebener Speisenfolge!

    Beispiel:

    Klare Ochsenschwanzsuppe
    *
    Seezungenröllchen
    Reistimbale
    *
    Lammkeule
    Grüne Bohnen
    Schlosskartoffeln
    *
    Crêpes Suzette

2. Die jeweiligen Bestecke müssen in der Reihenfolge liegen, in der die einzelnen Gänge serviert werden!

    Man benutzt die Bestecke von „außen nach innen" und von „unten nach oben".

    Die Bestecke der Speisen, die nach dem Hauptgang serviert werden, liegen oben, d.h. über dem Teller.

3. Die Gedeckmitte muß mit der Platzmitte übereinstimmen!

    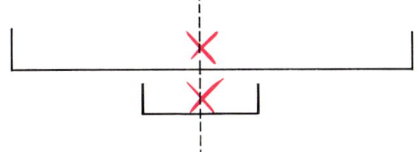

    Merke:
    Daher erst die Stühle ausrichten!

4. Die Gedeckbreite wird nach dem im Haus gebräuchlichen großen Teller ausgerichtet!

Die Abstände der Bestecke zur Gedeckmitte sind gleich, wobei der Platzteller oder die Serviette in der Gedeckmitte stehen. (Serviettenmitte = Gedeckmitte)

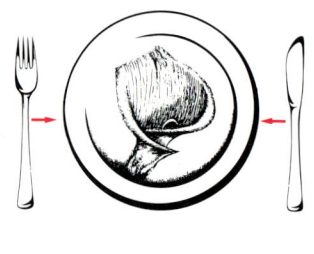

5. Die Abstände der Bestecke zur Tischkante (1 cm) sind gleich, d.h. die Bestecke liegen in einer Linie!

Eventuelle Ausnahme ist die zweite Gabel, die nach oben verschoben werden kann, damit der Abstand zwischen den einzelnen Besteckteilen nicht zu groß wird.

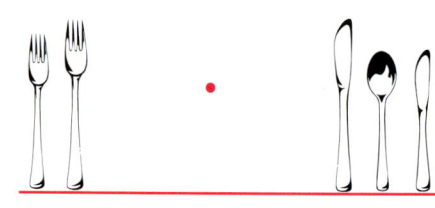

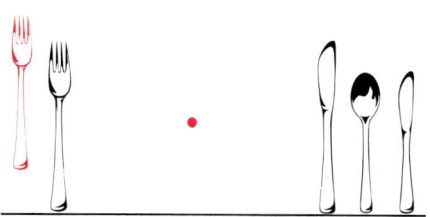

6. Die Abstände der Bestecke untereinander sind gleich!

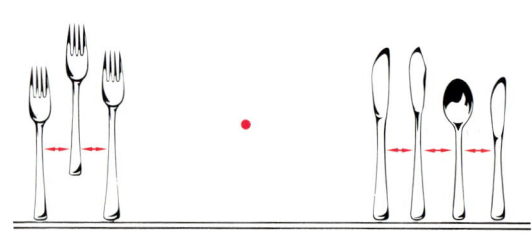

7. Die Bestecke liegen senkrecht zur Tischkante, d.h. im Winkel von 90 Grad!

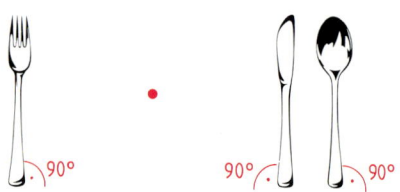

Der gedeckte Tisch

8. Die Dessertbestecke liegen parallel zur Tischkante!

   Beispiele:

   Kaffeelöffel für Eis.

   Mittellöffel und Mittelgabel für Crêpes.

   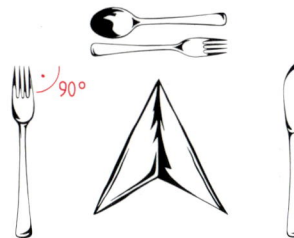

   Mittelmesser und Mittelgabel für Käse.

   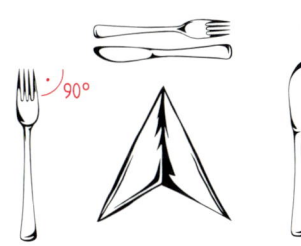

9. Das Geschirrmuster zeigt zum Gast!

   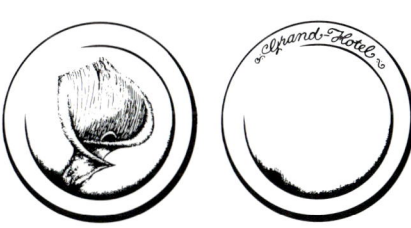

10. Das Richtglas — in der Regel das Rotweinglas — steht in der Verlängerung des Hauptgangmessers!

    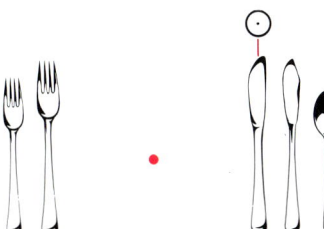

Grundgedeck

Die einfachste Möglichkeit einen Tisch für à la carte-Service einzudecken, ist das Grundgedeck.

À la carte-Service bedeutet, der Gast wählt seine Speisen selbst aus. Ihm ist es also freigestellt, ob er eine Speise oder eine Speisenfolge bestellt.

Das Grundgedeck besteht aus einem großen Messer, einer großen Gabel und einer Serviette.

Ist es üblich Brot und Butter zu reichen, werden dazu Brotteller und ein Mittelmesser eingesetzt.

Wird Brot ohne Butter, z.B. zur Suppe, gereicht, wird ein Brotteller eingesetzt.

Der Brotteller steht links vom Gedeck. Dabei stimmen die Mitte des großen Tellers und die Mitte des Brottellers überein!

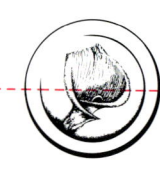 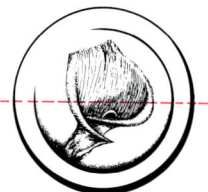

Das Mittelmesser liegt auf dem rechten Brottellerrand mit der Schneide nach links.

Um das Bestellen von Vor- oder Nachspeisen zu fördern und die Tische dekorativer zu gestalten, wird von vielen Betrieben das Grundgedeck mit weiteren Besteckteilen und Gläsern erweitert.

Hierbei wird meist eine Erweiterung mit Vorspeisenbesteck und einem Weinglas gewählt.

Der gedeckte Tisch

Das einfache Menügedeck

Das einfache Menügedeck wird für eine einfache Speisenfolge eingedeckt. Es besteht meistens aus einer Tagessuppe, verschiedenen Hauptgängen zur Auswahl sowie einem Tagesdessert und wird hauptsächlich für das Mittagservice angeboten.

Beispiel:

Nudelsuppe

*

Verschiedene Hauptspeisen

*

Erdbeereis mit Sahne

Zur mise en place für dieses einfache Gedeck gehören:

ein Löffel für die Suppe,

ein Messer und eine Gabel für den Hauptgang,

ein kleiner Löffel für die Nachspeise,

ein Weinglas,

eine Serviette,

ein Teller.

Dieser Teller kann als Platzteller benutzt werden oder zur Kontrolle der Geckbreite.

Arbeitsschritte:

Messer rechts von der Gedeckmitte mit der Schneide nach innen eindecken.

Gabel links von der Gedeckmitte eindecken, im gleichen Abstand zur Gedeckmitte wie das Messer.

Löffel rechts neben dem Messer eindecken.

Dessertlöffel parallel zur Tischkante über dem Gedeck eindecken, mit dem Griff nach rechts.

Glas ca. 1 cm in die Verlängerung des Hauptgangmessers stellen.

Serviette auf den Platzteller bzw. in die Gedeckmitte stellen.

Der gedeckte Tisch

Das erweiterte Menügedeck

Das erweiterte Gedeck wird für eine erweiterte Speisenfolge eingedeckt. Unter einer erweiterten Speisenfolge versteht man eine einfache Speisenfolge, die durch einen zusätzlichen Gang oder mehrere Gänge erweitert wird.

Erweiterung der Speisenfolge: *Erweitertes Gedeck:*

Durch eine kalte Vorspeise.

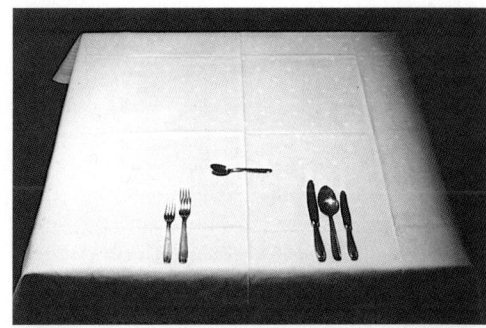

Durch ein Fischgericht.

Durch ein Fischgericht und Käse.

Merke:
Auf die Lage des Käsebestecks achten:
die Gabel liegt über dem Messer,
das Messer zeigt mit der Schneide zum
Gedeck hin.

Wird die Speisenfolge durch mehrere Gänge erweitert, sollte die Anzahl der im voraus eingedeckten Besteckteile begrenzt werden.

In einem Gedeck sollten nicht mehr liegen als:

4 Besteckteile rechts
3 Besteckteile links
2 Besteckteile oben

Bei erweiterten Speisenfolgen werden zwei Weingläser eingedeckt, meist ein Rot- und ein Weißweinglas. Die Gläser können wie folgt stehen:

Entweder in der Grundachse, d.h. im 45°-Winkel zur Tischkante
oder

in einer Achse parallel zur Tischkante.

Da die erweiterte Speisenfolge meist zu festlichen Anlässen wie z.B. Verlobung, Hochzeit usw. serviert wird, bezeichnet man dieses erweiterte Gedeck auch als festliches Gedeck.

Der gedeckte Tisch

Möglichkeiten der Stellung mehrerer Gläser

Beim Eindecken mehrerer Gläser ist das Rotweinglas das Richtglas. Es steht in der Verlängerung des Hauptgangmessers. Je nach den Platzverhältnissen auf dem Tisch werden die Weißwein- und Sektgläser dem Richtglas in verschiedenen Stellungsachsen zugeordnet. Dabei müssen die Gläser in der Reihenfolge stehen, in der die Weine serviert werden.

Stellungsformen für drei Gläser

Ausgang ist die Hauptachse, die im 45°-Winkel zur Tischkante verläuft.

Grundstellung

1 = Weißweinglas
2 = Rotweinglas
3 = Sektglas

Die Gläser stehen in einer Linie!

Weitere Stellungsformen

1 = Weißweinglas
2 = Rotweinglas
3 = Sektglas

Verschiebung des Sektglases

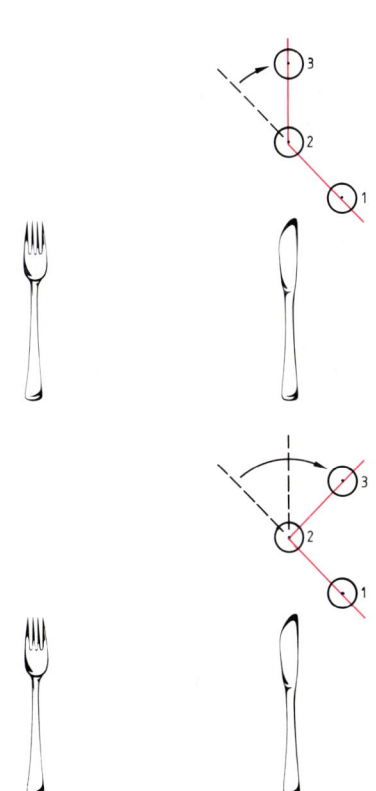

Verschiebung des Weißweinglases

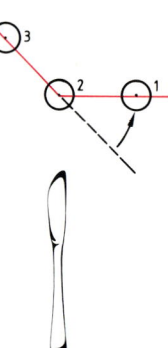

Verschiebung des Sekt- und des Weißweinglases

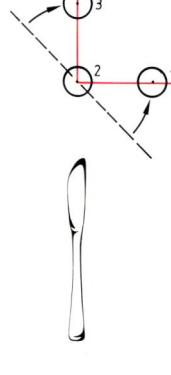

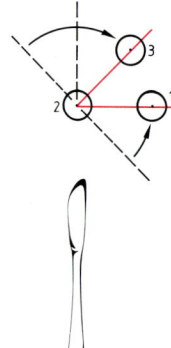

Stellungsformen für vier Gläser

Werden vier verschiedene Getränke serviert, so handelt es sich meist um eine der nachstehenden zwei Getränkefolgen:

Beispiel 1	Zwei verschiedene Weißweine	Gläser 1 und 2
	Ein Rotwein	Glas 3
	Ein Sekt	Glas 4
Beispiel 2	Ein Weißwein	Glas 1
	Zwei verschiedene Rotweine	Gläser 2 und 3
	Ein Sekt	Glas 4

Der gedeckte Tisch

Im Hinblick auf den Platz auf der Tafel muß entschieden werden, ob vier Gläser im voraus eingedeckt werden sollen. Will man vier Gläser eindecken, sind folgende fünf Stellungsformen möglich, wobei sich lediglich die Weine des Richtglases ändern:

	Richtglas bei Gläserstellung I	Richtglas bei Gläserstellung II
Beispiel 1	Rotweinglas Glas Nr. ③	Zweites Weißweinglas Glas Nr. ②
Beispiel 2	Zweites Rotweinglas Glas Nr. ③	Erstes Rotweinglas Glas Nr. ②

Gläserstellung I

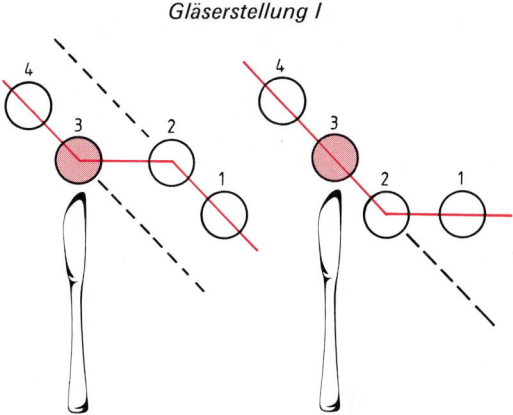

Gläserstellung II

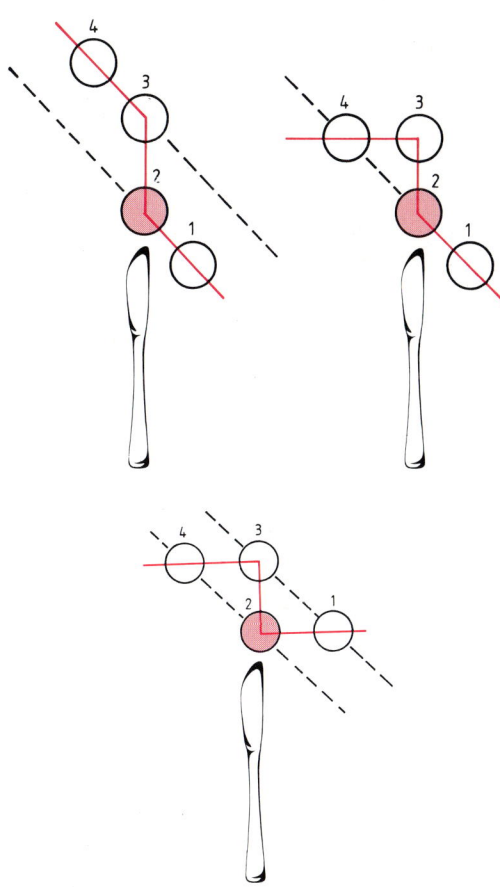

Merke:
Gläserstellung II, Beispiel 1, ist eine Ausnahme, in der das Rotweinglas nicht Richtglas ist.

1.7.4 Tischdekoration

Die Tischdekoration soll dem Tisch oder der Tafel einen optisch freundlichen Eindruck oder eine festliche Note verleihen. Für die Tischdekoration gilt:

Tisch oder Tafel dürfen nicht überladen wirken!

Tischdekorationen müssen farblich zu Tischwäsche und Geschirr passen und auf den Anlaß des Festes abgestimmt sein.

Die größte Bedeutung bei Tischdekorationen haben Blumenschmuck und Kerzen.

Blumenschmuck

Die Blumen geben dem Tisch das freundliche festliche Aussehen.

Im alltäglichen Service stellt man kleine Blumenvasen auf die Tische, gegebenenfalls auch kleine Gestecke. Bei Festtafeln bevorzugt man größere Blumenarrangements oder verteilt mehrere kleine Gestecke auf der Tafel.

Bei der Verwendung von Blumenschmuck sind folgende Regeln zu beachten:

Die Gestecke dürfen nicht die Sicht zum gegenübersitzenden Gast versperren.

Der Blumenschmuck muß der jeweiligen Festlichkeit angepaßt sein.

Zu stark duftende Blüten vermeiden, da sie den Duft der Speisen nicht zur Wirkung kommen lassen.

Herstellen von Gestecken

Zum Herstellen der Gestecke benötigt man folgende Materialien:

Blumen, Zweige, Farne, Ziergräser usw.,

Moospolster (Mosi-Schwamm),

Gesteckgläser (-schalen),

Gesteckdraht,

Messer und Schere,

Feuchtes und trockenes Tuch.

Bevor mit dem eigentlichen Blumenstecken begonnen werden kann, müssen Schalen oder Gläser mit einem Moospolster vorbereitet werden. Die nachstehenden Vorbereitungsarbeiten gelten für alle Arten von Gestecken, flache, hohe, runde und längliche.

Arbeitsschritte:

Moospolster bzw. Mosi-Schwamm auf die Größe des Gesteckglases zuschneiden.

Moospolster ins Wasser legen und langsam vollsaugen lassen.

Moospolster in das Glas (die Schale) geben.

Das Glas darf nicht voll ausgefüllt sein, d.h. es muß Raum freibleiben, um Wasser nachgießen zu können.

Das Moospolster muß 1 bis 2 cm über den Glasrand reichen, damit ein seitliches Stecken möglich ist.

Merke:
Das nasse Moospolster (Mosi-Schwamm) kann man mehrmals verwenden. Es darf jedoch nicht austrocknen, da es dann kein Wasser mehr aufnimmt.

Nach den Vorbereitungsarbeiten beginnt das eigentliche Blumenstecken.

Beispiel 1: Längliches Gesteck (für größere Tische)

Materialien:

Gesteckschale mit Mosi-Schwamm,

Sieben weiße Freesien,

Fünf rote Rosen,

Schleierkraut, Farne, Steckdraht.

Merke:
Zum Ausschmücken mit Grün eignen sich außer Farnen auch verschiedene Gräser, Blätter, Efeuranken usw.

Arbeitsschritte:

Moospolster von allen Seiten mit grünen Farnen (Efeuranken, Blätter) zubauen.

Merke:
Schräge Schnittführung beim Schneiden der Farne. Dadurch werden mehr Zellen freigelegt, die eine höhere Wasseraufnahme bewirken.

Freesien schräg anschneiden.

Freesien in verschiedenen Längen senkrecht in das Moospolster stecken.

Freesien waagerecht einstecken, eventuell auch nach unten abbiegen.

Freesien seitlich in den Übergang von senkrechter zu waagerechter Anordnung stecken.

Rosen schräg anschneiden. Äußere Blütenblätter der Rosen gegebenenfalls abziehen, damit ein besseres, frischeres Aussehen erreicht wird.

Rosen an den Knospen halten. Draht vorsichtig in die Knospen einschieben und dann den Stiel umwickeln, damit ein Abknicken der Knospen verhindert wird.

Der gedeckte Tisch 77

Rosen in verschiedenen Längen den Freesien zuordnen.

Gesteck mit Schleierkraut ausschmücken.

Merke:
Das Gesteck soll in der Mitte zusammenlaufen!

Beispiel 2: Rundes Gesteck (für kleinere Tische)

Materialien:

Gesteckglas mit Mosi-Schwamm,

Sieben rote Rosen (Moosröschen),

Schleierkraut, Farne, Steckdraht.

Arbeitsschritte:

Moospolster von allen Seiten mit den Farnen ausstecken.

Draht vorsichtig in die Rosenknospen einführen und Stiele umwickeln.

Rosen waagerecht in das Moospolster einstecken.

Rosen in verschiedenen Längen senkrecht in das Moospolster einstecken.

Rosen seitlich in den Übergang von senkrechter und waagerechter Anordnung stecken.

Rosengesteck mit Schleierkraut ausschmücken.

Merke:
Bei fertig erstellten Gestecken darf das Moospolster nicht mehr zu sehen sein!

Der gedeckte Tisch

Kerzen

Kerzen geben dem Tisch Glanz und Wärme. Sie können in Gläsern, Kerzenständern, Kerzenleuchtern und Blumenarrangements aufgestellt werden.

Merke: Beim Eindecken des Tisches nur frische Kerzen und keine halbabgebrannten Kerzen verwenden!

Nach der Größe der Tafel richten sich Anzahl und Anordnung der Kerzen.

Leuchter stehen in der Mitte der Tafel, wenn sie höher sind als die Blumenarrangements.

Kleine Kerzenständer werden am besten einzeln oder in Dreiergruppen zwischen den Blumengestecken auf der Tafel verteilt.

Besondere Kerzen und Kerzenarrangements zu besonderen Anlässen, wie z.B. Kommunion oder Geburtstag, stehen selbstverständlich jeweils vor dem Ehrengast.

1.8 Das Tragen

1.8.1 Tragen von Tellern

Gestapelte Teller

Werden die Speisen für eine größere Personenzahl auf Platten angerichtet und am Servicetisch oder im Rundservice auf die Teller vorgelegt, müssen die Teller zunächst an den Servicetisch gebracht werden. Dabei werden die Teller gestapelt getragen.

Damit Fingerabdrücke auf den Tellern vermieden werden, ist eine Handserviette um den Tellerstapel zu legen.

Merke: Die Handserviette schützt auch die Finger vor zu heißen Tellern!

Die Tragetechnik ist bei kleinen und großen Stapeln unterschiedlich.

Kleine Stapel

Arbeitsschritte:

Handserviette auf die linke Handfläche legen.

Darauf den kleinen Stapel stellen.

Bei heißen Tellern mit zwei Handservietten arbeiten. Mit der zweiten Serviette die Teller vom Stapel nehmen.

Große Stapel

Arbeitsschritte:

Handserviette um den großen Stapel legen.

Stapel mit beiden Händen greifen. Die Finger fassen dabei unter den unteren Teller, um zu vermeiden, daß der Stapel durch die Finger rutscht.

Merke: Den Gast auf den heißen Teller aufmerksam machen!

Das Tragen

Einzelne Teller

Grundregeln

Beim Tragen einzelner Teller gelten folgende Grundregeln:

Mit der linken Hand tragen!
Die Teller waagerecht und ruhig tragen!
Der Unterarm bleibt waagerecht und zeigt vom Körper weg!
Die rechte Hand bleibt frei zum Aufnehmen und Einsetzen der Teller!

Ein Teller

Arbeitstechnik:

Teller fest in die Daumenbeuge drücken. Daumen liegt auf dem Tellerrand, ungefähr parallel zum Körper.

Übrige Finger sind gestreckt. Teller liegt auf dem Handballen und den Fingern.

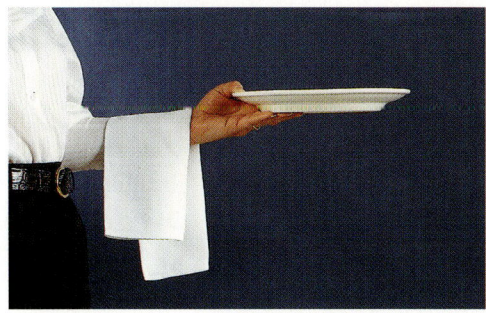

Zwei Teller

Beim Tragen von zwei Tellern unterscheidet man zwei Trageteckniken:

Tragen mit Obergriff
Tragen mit Untergriff

Tragen mit Obergriff

Arbeitstechnik:

Ersten Teller mit Daumen, Zeigefinger und Mittelfinger halten, wobei der Zeigefinger und der Mittelfinger unter der Aufstellfläche liegen.
Handgelenk eindrehen.
Zweiten Teller auf den Unterarm und die hochgestellten Finger (Ring- und kleiner Finger) stellen.

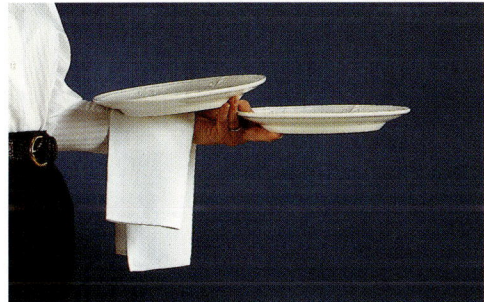

Tragen mit Untergriff

Arbeitstechnik:

Ersten Teller fest in die Daumenbeuge drücken.
Mit Daumen und Zeigefinger halten.
Zweiten Teller wie folgt „unterschieben":
Der Aufstellrand des ersten Tellers und der obere Rand des zweiten Tellers stehen aufeinander.

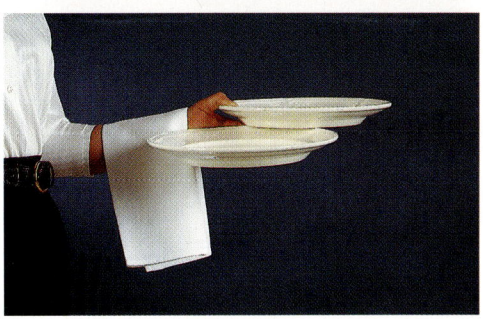

Merke: Keinen Finger zwischen die beiden Teller bringen!

Zweiten Teller fest in den Handballen drücken.

Fingerhaltung beachten:

Daumen:	oberer Rand des ersten Tellers,
Zeigefinger:	unter die Aufstellfläche des ersten Tellers,
Mittelfinger:	äußere Randwölbung des zweiten Tellers,
Ring- und kleiner Finger:	unter die Aufstellfläche des zweiten Tellers.

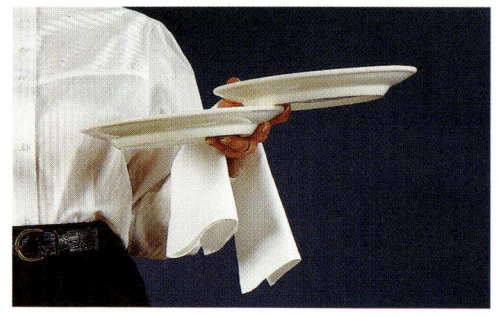

Drei Teller

Werden zwei Teller sicher mit Untergriff gehalten, wird der dritte Teller aufgenommen.

Arbeitstechnik:

Hand mit den zwei Tellern leicht im Handgelenk nach innen eindrehen. So erhält man die Aufstellfläche für den dritten Teller.
Dritten Teller auf den waagerechten Unterarm und auf den oberen Rand des zweiten Tellers stellen.
Randwölbung des dritten Tellers liegt zum besseren Halt auf dem Daumenballen.

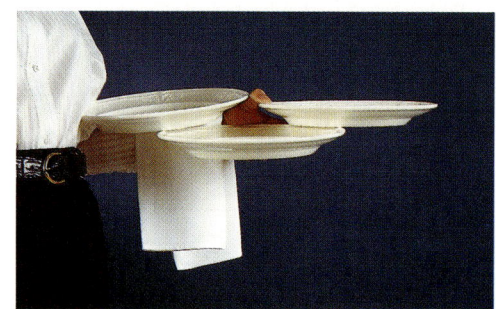

1.8.2 Tragen von Gläsern

Das Tragen von Gläsern erfordert besondere Aufmerksamkeit, da Gläser durch ihre leichte Zerbrechlichkeit eine erhöhte Unfallgefahr darstellen. Fachlich korrekt werden Gläser auf dem Tablett getragen. Diese Regel gilt für frische und gebrauchte Gläser.

Merke:
Das Glas, das dem Gast eingesetzt wird, sollte so wenig wie möglich mit der Hand berührt werden.

Arbeitstechnik:

Glas vorsichtig am Stiel fassen und auf das Tablett stellen.

Das Tragen 83

Tablett waagerecht und ruhig halten.

Am Tisch des Gastes das Glas wieder vorsichtig am Stiel fassen und einsetzen.

In Ausnahmefällen können Gläser ohne Tablett getragen werden, z.B. vom Servicetisch zum Platz des Gastes, bzw. gebrauchte Gläser vom Tisch des Gastes zum Servicetisch.

Saubere und gebrauchte Gläser werden unterschiedlich getragen.

Saubere Gläser

Arbeitsschritte:

Glas mit der rechten Hand am Stiel fassen. Mit der Glasöffnung nach unten in die gespreizte, nach oben geöffnete Hand schieben. Das Glas wird durch den Glasfuß gehalten.

Zu den ersten vier Gläsern können weitere Gläser eingeschoben werden.

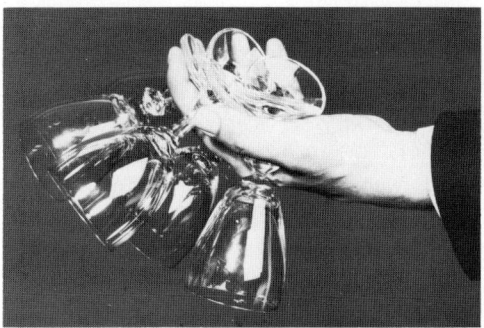

Merke:
Den Kelch des Glases nicht berühren, damit keine Fingerabdrücke zu sehen sind!

Gebrauchte Gläser

Arbeitsschritte:

Glas mit der rechten Hand am Stiel fassen.

Mit der Glasöffnung nach oben in die gespreizte, nach oben geöffnete Hand schieben. Der Kelch liegt auf den Fingern.

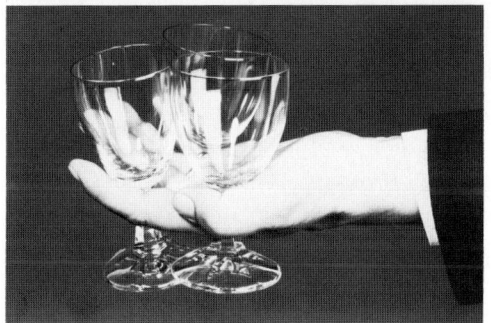

Merke:
Auf diese Weise werden nur zwei bis drei Gläser getragen.

In beiden Fällen gilt:

Nicht mit den Fingern in die Gläser hineingreifen!

falsch

1.8.3 Tragen von Plateaux

Das Plateau (Servierbrett, „Schlitten") wird eingesetzt zum:
Richten der mise en place,
Abräumen einer größeren Anzahl von Geschirr, Gläsern, Bestecken,
Auftragen bei langen Servicewegen, wie z.B. Etagenservice,
Garten- und Terrassenservice.

Grundregeln

Das Plateau kann auf dem angewinkelten, waagerechten linken Unterarm oder über der Schulter getragen werden.

Für beide Arten gilt:
Das Plateau darf nicht feucht oder naß sein, sonst besteht die Gefahr, daß Speisen, Getränke oder Servicegegenstände ins Rutschen kommen.

Die Bewegung des Körpers setzt sich durch den Arm fort und kann zu ungewollten Erschütterungen auf dem Plateau führen. Daher sind hohe Aufbauten, wie z.B. Tellerstapel, Flaschen usw., zu vermeiden.

Auf richtige Gewichtsverteilung achten!
Schwere Gegenstände immer zum eigenen Körper hin anordnen, wie z.B. beim Kaffeeservice:
Volle Kännchen auf die dem Körper zugewandte Seite,
Milch, Zucker, Untertassen in die Mitte,
Kaffeetassen, Kaffeelöffel nach außen.

Tragen auf dem Arm

Für ein besseres Gleichgewicht empfiehlt es sich, das Plateau auf dem Arm zu tragen.

Arbeitsschritte:
Plateau auf den waagerechten linken Unterarm stellen.

Unterarm und die gespreizten Finger diagonal unter dem Plateau halten. Dies garantiert ein gutes Gleichgewicht.

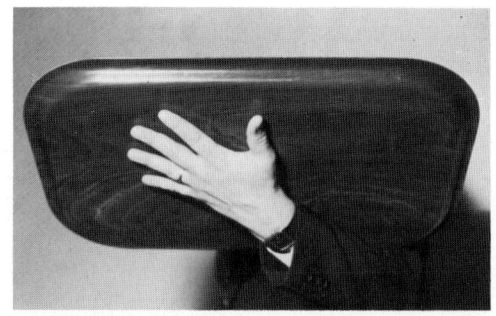

Das Tragen 85

Merke:
Darauf achten, daß das Plateau gerade und waagerecht getragen wird!

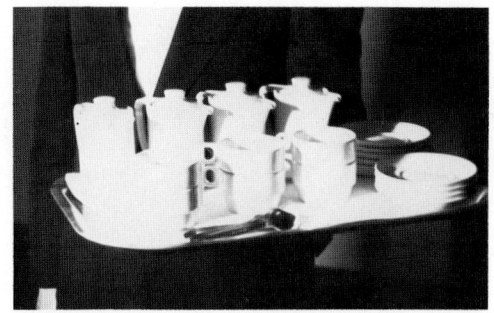

Die rechte Hand kann beim Tragen zu Hilfe kommen und den Plateaurand halten. Dabei ist ein leichteres Tragen möglich.

Tragen über der Schulter

Das Plateau wird über der linken Schulter mit der nach rückwärts abgebogenen, gespreizten Hand getragen.

Dabei soll das Plateau eine leichte Neigung nach vorne zeigen, da es hierdurch besser in der Kontrolle des Tragenden bleibt.

Arbeitsschritte:
Plateau am Rand mit der rechten Hand anziehen und festhalten.

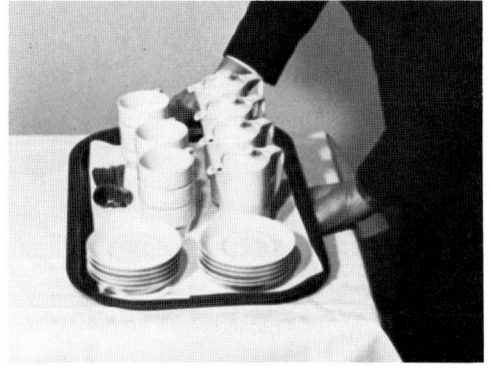

Linke Hand darunterschieben und unter gleichzeitigem Aufheben die Hand in die richtige Lage bringen und das Plateau nach oben drücken.

Das Plateau sollte „frei" getragen werden und nicht auf der Schulter aufliegen. Dadurch ist ein besseres Ausbalancieren möglich.

Beispiel für freies Tragen über der Schulter.

Plateau liegt auf der Schulter auf.

falsch

Zum Absetzen des Plateau faßt man mit der rechten Hand an den Rand, mit der linken schwenkt man das Plateau mit der hinteren Seite nach außen. Gleichzeitig wird der Arm bis zur Höhe der Auf- bzw. Abstellfläche des Tisches bzw. des Servicetisches gesenkt.

Merke:
Das Tragen sieht einfach aus, ist jedoch ziemlich schwierig, besonders weil auf Gleichgewicht zu achten ist.

1.9 Das Servieren

1.9.1 *Grundregeln beim Servieren*

Beim Servieren sind folgende Regeln zu beachten:
1. So servieren, daß der Gast so wenig wie möglich gestört wird!
2. Reihenfolge des Servierens bei mehreren Personen beachten:
   Damen vor Herren
   Ältere vor jüngeren Gästen
   Ehrengast zuerst bedienen
   Gastgeber als letzten bedienen
   Ausnahme: der Gastgeber ist zugleich Ehrengast, z.B. Jubilar.

   Merke:
   Bei größeren Gesellschaften beim Ehrengast anfangen und durchgehend servieren.

3. Speisen und Getränke grundsätzlich von der rechten Seite des Gastes einsetzen.
   Ausnahmen:
   Wenn es die Platzverhältnisse nicht zulassen.
   Salatteller, Kompotte, Brotteller von links einsetzen, da sie im linken Bereich des Gedecks stehen.
4. Speisen und Getränke grundsätzlich von der rechten Seite des Gastes abräumen.
   Ausnahmen:
   Wenn es die Platzverhältnisse nicht zulassen.
   Salatteller usw. von links abräumen.
5. Speisen grundsätzlich von der linken Seite des Gastes vorlegen.
6. Teller nicht überladen.
7. Anordnung auf dem Teller beachten.
8. Wärmeplatten zum Warmhalten der Speisen bereitstellen.
9. Für warme Speisen heiße Teller, für kalte Speisen kalte Teller verwenden.
10. Für heiße Getränke angewärmtes Geschirr verwenden.

1.9.2 *Servicemethoden*

Beim Servieren von Speisen kennt man folgende Servicemethoden:
Servieren von der Platte
Servieren vom Beistelltisch
Tellerservice
Mischformen

Servieren von der Platte

Das Servieren von der Platte (früher: französisches Service) kann auf zwei Arten erfolgen:

Vorlegen: Dem Gast wird von der Platte auf den eingesetzten Teller vorgelegt.

Darbieten: Dem Gast wird die Platte präsentiert. Die Servicefachkraft hält die Platte, während sich der Gast selbst bedient. Dies geht auf altfranzösisches Service zurück.

Von diesen beiden Arten ist das Vorlegen von größerer Bedeutung, da es zeitsparend ist. Dieses Vorlegen findet vorwiegend bei größeren Festessen oder Banketts Anwendung, ist aber auch übertragbar auf das Servieren an Einzeltischen.

Folgender Ablauf gilt beim Vorlegen:

Teller den Gästen einsetzen.

Im Chef-Commis-System arbeiten, wobei der „Chef" von der Hauptplatte und der „Commis" die Beilagen vorlegt.

Merke:
Darauf achten, daß der Gast nicht „in die Zange" genommen wird. Das heißt, die zweite Fachkraft muß warten, bis die erste schon zwei Gästen weiter vorlegt.

Platte auf die linke Hand bzw. den linken Unterarm legen. Eine Handserviette zwischen Platte und Hand bzw. Unterarm legen.

Merke:
Die Handserviette schützt die Hand und die eigene Kleidung vor heißen Platten.

Von der linken Seite des Gastes aus vorlegen.

Service vom Beistelltisch

Das Servieren vom Beistelltisch aus geht auf das englische Service zurück. Die Servicefachkraft übernimmt die Rolle des Hausherrn und richtet die Teller vor den Augen des Gastes an.

Dabei ist folgender Ablauf zu berücksichtigen:

Teller auf den Beistelltisch (französisch: guéridon) stellen. Hauptplatte stets dem Gastgeber präsentieren und dann links neben die Teller stellen.

Am Servicetisch das Vorlegebesteck beidhändig benutzen, um auf die Teller vorzulegen. Die Teller den Gästen einsetzen.

Merke:
Zum Service vom Beistelltisch gehören auch alle Arbeiten am Tisch des Gastes, d.h. Tranchieren, Filieren, Flambieren und Anmachen von Speisen.

Das Servieren

Tellerservice

Ursprung des Tellerservice war das Servieren in Schnellgaststätten (amerikanisches Service).

Bei dieser Servicemethode werden die Teller schon in der Küche angerichtet und dem Gast am Tisch eingesetzt.

Bei offen angerichteten Tellern werden höchstens drei Teller auf einmal getragen. Sind die angerichteten Teller mit Clochen abgedeckt, werden höchstens zwei Teller auf einmal getragen. Die Clochen werden dann am Tisch des Gastes gleichzeitig abgehoben.

Mischformen

Die für den Einzelfall zu treffende Entscheidung, welche Servicemethode angewendet wird, ist abhängig von:

Art und Größe des Gästekreises
den Platzverhältnissen im Restaurant
der Anzahl der Servicefachkräfte
dem Niveau des Hauses
der Zubereitungsart und Anrichteweise der Speisen

Es ist auch möglich, innerhalb einer Speisenfolge die einzelnen Gänge mit verschiedenen Methoden zu servieren.

Beispiel

Gänge	Speisen	Servicemethode
Vorspeise	In der Küche vorbereitete Vorspeisenteller.	*Tellerservice*
Hauptgang	Rehrücken wird am Tisch des Gastes tranchiert und vom Servicetisch aus vorgelegt.	*Service vom Beistelltisch*
	Nachlegen der Beilagen von Platten bzw. Schüsseln auf die Teller.	*Servieren (Vorlegen) von der Platte*
Nachspeise	In der Küche portionierte Nachspeisen wie Birne Helene	*Tellerservice*

1.9.3 Einschenken von Suppen

Einschenken aus der Einschenktasse

Das Einschenken der Suppe aus der Einschenktasse erfolgt von rechts.

Arbeitsschritte:

Angewärmten Suppenteller auf einem flachen Teller einsetzen.

Merke:
Das Tablett mit der Einschenktasse nicht zu nahe hinter dem Gast halten. Der Gast könnte eine unbeabsichtigte Bewegung machen und dabei unter das Tablett stoßen.

Einschenktasse über den Teller halten und den Inhalt vom inneren Tellerrand in Richtung Tischmitte in den Teller eingießen.

Suppeneinlage vorsichtig in den Teller gleiten lassen.

Einschenktasse noch über dem Teller drehen, um ein Abtropfen auf Kleidung und Tischwäsche zu vermeiden.

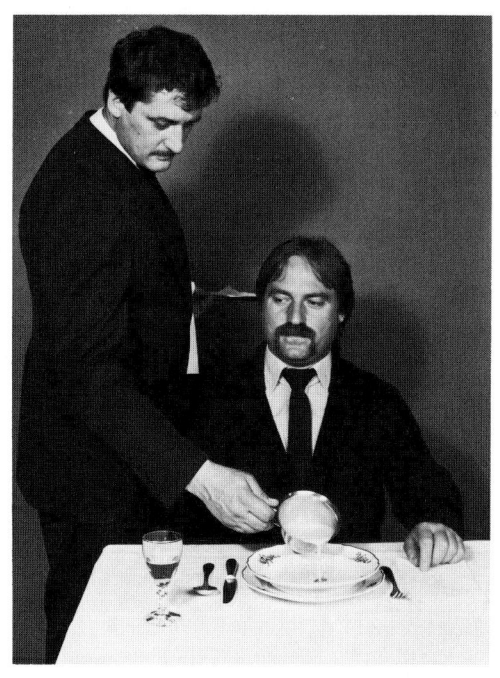

Merke:
Damit die Kleidung des Gastes nicht bespritzt wird, darf keinesfalls in Richtung des Gastes eingegossen werden.

Einschenken aus der Terrine

Das Einschenken der Suppe aus der Terrine erfolgt vom Servicetisch (guéridon) aus. In der Regel wird hier für mehrere Personen serviert.

Arbeitsschritte:

Terrine auf den Beistelltisch stellen.

Die Suppenteller rechts daneben stellen und mit einer Suppenkelle einschenken.

Suppenteller von rechts einsetzen.

Merke:
Vorsichtig einschenken, damit die Suppe nicht auf die Decke tropft!

Das Servieren

1.9.4 Vorlegen

Das Vorlegen der Speisen ist ein wesentlicher Bestandteil des Servierens. Daher ist der gekonnte Umgang mit dem Vorlegebesteck Voraussetzung für ein gutes und reibungsloses Service.

Das Vorlegebesteck besteht aus:

einem Löffel und einer Gabel gleicher Größe.

Im Fachjargon wird das Vorlegebesteck auch als „Vorleger" bezeichnet. Mit Hilfe dieses Vorlegers legt man dem Gast die Speisen vor. Dabei unterscheidet man das:

Vorlegen mit beiden Händen

Vorlegen mit einer Hand

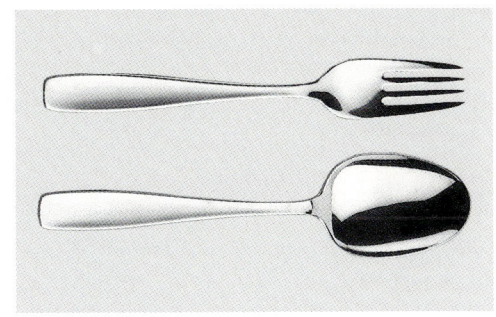

Vorlegen mit beiden Händen

Das Vorlegen mit beiden Händen ist nur möglich beim Service vom Beistelltisch aus. Hierbei ist die Anordnung auf dem Servicetisch wichtig:

Die Platte steht auf der linken Seite des Beistelltisches auf einer Wärmeplatte.

Der Teller steht rechts neben der Platte.

Die Beilagen stehen oberhalb des Tellers.

Rechts liegt das vorbereitete Vorlegebesteck.

Arbeitsschritte:

Löffel in die rechte Hand nehmen.

Gabel in die linke Hand nehmen.

Löffel unter die vorzulegende Speise schieben und anheben.

Mit der Gabel die Speise im Gleichgewicht halten.

Merke:
Nie mit der Gabel in die Speisen stechen!

Speisen von der Platte auf den Teller legen.

Merke:
Der Vorlegende soll dabei ruhig und gerade stehen und keine Drehungen oder sonstige Verrenkungen vollführen! Nur die Arme bewegen sich von links nach rechts!

Beim Vorlegen, die Anordnung auf dem Teller beachten.

Der Hauptrohstoff, z.B. das Fleisch, liegt in der unteren Tellerhälfte.

Die Beilagen liegen in der oberen Tellerhälfte.

Vorlegen mit einer Hand

Nicht immer steht ein Servicetisch zur Verfügung, d.h. man muß am Tisch dem Gast vorlegen. Dabei liegt die Platte auf dem linken Unterarm, und mit der rechten, freien Hand wird vorgelegt.

Das Gleiche gilt für das Vorlegen bei größeren Tafeln, wenn im Rundservice vorgelegt wird.

Regeln des Vorlegens mit einer Hand

Beim Vorlegen sind verschiedene Regeln zu beachten:

Der Gast darf nicht behindert werden.

Zuerst wird die Platte am Tisch präsentiert.

Tragehand für Platten bzw. Schüsseln ist die linke Hand.

Vorgelegt wird immer von der linken Seite des Gastes. (Ausnahme: Die Platzverhältnisse lassen es nicht zu.)

Arbeitsschritte:

Oberkörper leicht nach vorn beugen.

Mit dem Vorleger die Speisen dem Gast auf den Teller legen.

Dabei die Platte etwas über den Tellerrand halten, um ein Verschmutzen des Tisches zu vermeiden.

Den Hauptrohstoff in die untere Tellerhälfte, die Beilagen in die obere Tellerhälfte vorlegen.

Beim Vorlegen den Ellenbogen am Körper halten, um den Gast nicht zu „bedrohen".

Merke: Nur der Unterarm bewegt sich!

Beim Zurückgehen den Vorleger über die Platte halten, damit nichts heruntertropft.

Das Servieren 93

Vorlegegriffe

Je nach Art und Beschaffenheit der Speisen muß mit verschiedenen Techniken vorgelegt werden. Hierbei kennt man drei Vorlegegriffe:

Normaler Vorlegegriff

Zangengriff

Flacher Vorleger (die „Schaufel")

Normaler Vorlegegriff

Der normale Vorlegegriff ist der allgemein übliche Griff.

Arbeitsschritte:

Löffel und Gabel aufeinanderlegen und so in die rechte Hand nehmen, daß die Stielenden in dem unteren Teil des Handballens und den gekrümmten Fingern liegen.

Zeigefingerspitze zwischen Löffel und Gabel schieben, so daß die Gabel mit Zeigefinger und Daumen gehalten wird.

Durch Anheben von Daumen und Zeigefinger und leichter Abwärtsbewegung der unteren drei Finger, mit Löffel- und Gabelspitze einen Greifer bilden, mit dem die Speisen von der Platte aufgehoben und auf den Teller gelegt werden können.

Merke:
Dies erfolgt auf die gleiche Art wie das Vorlegen mit beiden Händen, d.h. der Löffel wird unter die Speise geschoben, die Gabel hält das Gleichgewicht.

Zangengriff

Dieser Griff wird für größere Speisenteile oder für Speisen mit Aufbauten angewendet.

Arbeitsschritte:

Löffel und Gabel wie beim normalen Vorlegegriff aufeinanderlegen.

Zeigefingerspitze zwischen Löffel- und Gabelstiel schieben.

Gabelstiel mit Daumen und Zeigefinger drehen, bis sich Löffel und Gabel mit den Spitzen gegenüberliegen und so eine Zange bilden.

Flacher Vorleger (Spreizgriff)

Der flache Vorleger oder Spreizgriff wird angewendet bei überbackenen Gerichten, z.B. Kalbsteak au four, und bei Speisen mit Auflagen, z.B. Schnitzel Holstein. Die Garnitur auf den Speisen darf nicht durch den Vorleger beschädigt werden.

Arbeitsschritte:

Löffel und Gabel wie beim normalen Vorlegegriff in die Hand nehmen. Mit dem Daumen die Gabel auf dem Zeigefinger nach rechts schieben, bis Löffel und Gabel in einer Ebene („Schaufel") liegen.

Löffel und Gabel nun vorsichtig unter die Speise schieben, ohne deren Oberfläche zu beschädigen.

1.9.5 Abräumen

Regeln des Abräumens

Beim Abräumen sind folgende Regeln zu beachten:

So abräumen, daß der Gast so wenig wie möglich gestört wird.
Grundsätzlich von rechts abräumen. Aber Salatteller, Brotteller, Fingerschalen von links.
Ausnahmen nur bei ungünstigen Platzverhältnissen.

Beispiel:

Gegenstände	Abräummethode	Zeitpunkt des Abräumens
Gläser	Von rechts mit einem Tablett.	Wenn das nächste Getränk serviert wird, außer der Gast will beim ersten Getränk bleiben.
Menagen	Mit einem Tablett.	Vor dem Servieren des Desserts.
Brotkrümel	Mit einem Tischbesen. Mit einer Handserviette, wobei die Krümel auf ein Tablett oder Teller gewischt werden. *Merke:* Nicht auf den Boden wischen.	Nach dem Essen, vor dem Dessert.
Brotteller	Von der linken Seite.	Nach dem Hauptgang bzw. vor der Süßspeise. Beim Einsetzen von Salat den Brotteller nach oben verschieben.
Salatteller	Von der linken Seite.	Wenn die Gäste gegessen haben.
Aschenbecher	Einen frischen Aschenbecher über den gebrauchten stellen und beide gleichzeitig ausheben, damit keine Asche auf die Tischdecke fällt.	Laufende Kontrolle. Vor jedem Essen.

Das Servieren 95

Abräumen von Tellern und Bestecken

Stapeln am Servicetisch

Arbeitsschritte:

2 bis 3 Teller ausheben und an den Servicetisch tragen.

Etwaige Speisenreste auf einem Teller sammeln.

Auf einem zweiten Teller die Bestecke zusammenlegen, und zwar richtig geordnet, d.h. alle Gabeln in eine Richtung und die Messer zum besseren Halt im rechten Winkel unter die Gabeln schieben.

Auf dem dritten Teller die weiteren Teller stapeln.

Merke:
Das Zusammenstellen der Teller sollte geräuschlos geschehen.

Auf den Stapel den Teller mit den Bestecken stellen.

Ist der Stapel nicht zu hoch, kann man auf den Teller mit den Bestecken noch den Teller mit den Speisenresten stellen.

falsch

Abräumen mit Obergriff

Die Servicefachkräfte, die gewohnt sind, die Teller mit Obergriff zu tragen, werden auch mit dem Obergriff abräumen.

Arbeitsschritte:

Ersten Teller aufnehmen.

Erste Gabel mit dem Daumen festhalten.

Messer unter die Gabel schieben, und zwar mit dem Griff nach innen, d.h. zu sich hin, um zu vermeiden, daß das Messer bei einer plötzlichen Drehung nach außen wegrutscht.

Die nächsten Teller nun auf dem Unterarm stapeln, wobei die Bestecke auf dem ersten Teller in schon beschriebener Weise angeordnet werden.

Damit der Stapel glatt auf dem Unterarm steht, werden Speisenreste auf den ersten Teller zu den Bestecken geschoben.

Bei dieser Abräumart ist der optische Eindruck nicht gut, wenn mehrere Speisenreste zusammenkommen!

Abräumen mit Untergriff

Beim Abräumen mit Untergriff trägt die Servicefachkraft die Teller in drei Ebenen.

Arbeitsschritte:

Bestecke auf dem ersten Teller in beschriebener Weise sammeln.

Speisenreste auf dem untergeschobenen, zweiten Teller sammeln.

Merke:
Schaut der Gast zu, sind die unappetitlichen Reste halbwegs verborgen!

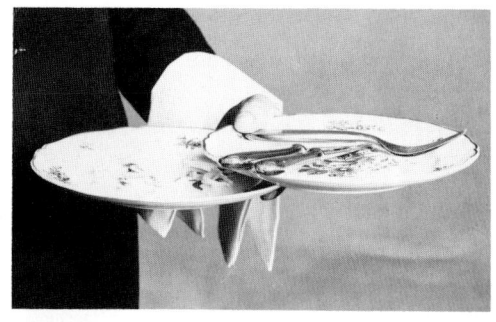

Restliche Teller auf dem Unterarm stapeln.

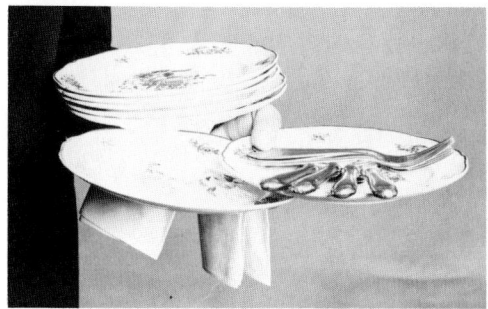

Merke:
Gleiche Technik anwenden wie beim Tragen von drei Tellern!

Eine geübte Servicefachkraft wird mit dieser Technik schnell mehrere Teller abräumen können. Das Besteck auf dem ersten Teller bildet dabei ein Gegengewicht zum Tellerstapel auf dem Arm.

1.10 Arbeiten am Tisch des Gastes

Einer der wichtigsten Bereiche des Service ist das Arbeiten am Tisch des Gastes. Dazu gehören das:

Tranchieren
Filieren
Flambieren
Zubereiten kalter Speisen

1.10.1 Tranchieren

Unter Tranchieren versteht man das Zerlegen größerer Fleischteile. Der Ausdruck Tranchieren kommt aus dem Französischen trancher = in Scheiben schneiden (la tranche = die Scheibe).

Tranchiert werden:

Fleischstücke, die am Tisch des Gastes in Scheiben geschnitten werden, z.B. Rinderbrust, Châteaubriand, T-bone Steak.

Fleischstücke, die am Tisch des Gastes zerlegt werden, z.B. Rücken, Keulen, Haxen, Geflügel.

Damit das zu tranchierende Fleischstück fachgerecht zerlegt werden kann, ist die Kenntnis der Lage der Knochen und Gelenke sowie der Richtung der Fleischfaser notwendig.

Je nach Art des zu tranchierenden Fleischstückes gibt es verschiedene Schnittarten:

französischer Schnitt = quer zur Faser,
englischer Schnitt   = mit der Faser.

Für das Tranchieren aller Fleischstücke gelten die gleichen Grundregeln sowie die gleiche mise en place.

Grundregeln des Tranchierens

Alle zu tranchierenden Fleischstücke zuerst dem Gast präsentieren!

Platte mit den zu tranchierenden Fleischstücken auf eine bereitgestellte Wärmeplatte stellen!

Immer dem Gast zugewendet arbeiten, da der Gast sehen will, was zubereitet und wie gearbeitet wird!

Arbeitsschritte einhalten!

Nie auf einer Platte schneiden!

Geschärftes Tranchierbesteck benutzen!

Tranchiergabel nie in das Fleisch stechen!

Von sich weg schneiden!

Mise en place

Sie beinhaltet:

Tranchierbrett
Tranchierbesteck
Vorlegebesteck
Rechaud (Wärmeplatte)
Heiße Teller
Handserviette

Châteaubriand

Das Châteaubriand ist ein aus dem Mittelstück eines Rinderfilets geschnittenes am Stück gebratenes doppeltes Filetsteak. Es wird in der Regel für zwei Personen angeboten.

Arbeitsschritte:

Fleisch mit dem Vorleger auf das Tranchierbrett legen und mit der aufliegenden Gabel festhalten.

Schräge, 1,5 bis 2 cm dicke Tranchen quer zur Faser schneiden.

Durch das Schrägschneiden erhält man größere Tranchen.

Tranchen auf die Platte zurücklegen.

Ausgelaufenen Fleischsaft im Saftbecken des Tranchierbrettes sammeln und über das Fleisch geben.

Auf heiße Teller vorlegen.

Arbeiten am Tisch des Gastes

Rinderbrust

Die im Service angebotene Rinderbrust ist ein Teil des Brustfleisches. Die Größe ist abhängig von der Personenzahl.

Arbeitsschritte:

Rinderbrust mit dem Vorleger auf das Tranchierbrett legen.

Senkrechte, ca. 1 cm dicke Tranchen quer zur Faser schneiden.

Tranchen auf die warmgestellte Platte zurücklegen.

Auf heiße Teller vorlegen.

T-bone Steak/Porterhouse Steak

Der T-förmige Knochen ist das besondere Kennzeichen des T-bone-Steak (engl. bone = Knochen). Es wird wie das Porterhouse Steak aus dem Rinderrücken geschnitten. Beide enthalten sowohl Roastbeef als auch Filet.

Das T-bone Steak ist kleiner als das Porterhouse Steak, letzteres wird für 2 bis 3 Personen serviert.

Arbeitsschritte:

Steak mit dem Vorleger auf das Tranchierbrett legen. Der Querbalken des „T" zeigt zum Trancheur.

Gabel flach auflegen oder den Knochen mit der Gabel festhalten.

Fleisch auf beiden Seiten des T-Knochens lösen.

Schräge, 1,5 bis 2 cm dicke Tranchen quer zur Faser schneiden.

Jeweils vom Roastbeef und vom Filet auf die heißen Teller vorlegen.

Rehrücken

Der Rehrücken wird für mehrere Personen am Tisch des Gastes zerlegt.

Arbeitsschritte:

Rehrücken auf das Tranchierbrett legen.

Fleisch am Rückenknochen an beiden Seiten anritzen, damit die Lage des Rückenknochens sichtbar wird.

Rückenstränge entlang des Rückenknochens lösen, bis man auf den Widerstand der Rippenknochen stößt.

Messer nach außen drehen und entlang der Rippen schneiden.

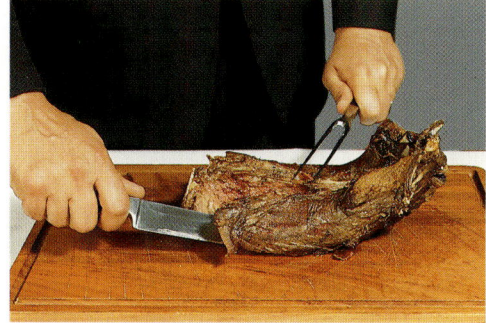

Rückenstränge freilegen.

Rückenstränge je nach Größe entweder in schräge oder in senkrechte, 1,5 bis 2 cm dicke Tranchen schneiden. (Senkrecht geschnittene Tranchen heißen Medaillons.)

Schneiden in schräge Tranchen.

Schneiden in Medaillons.

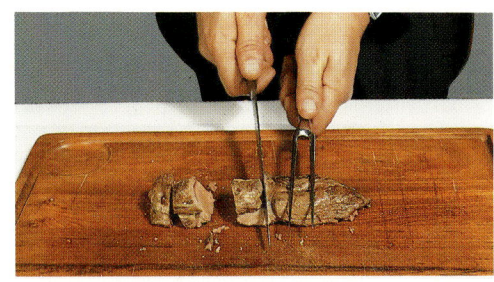

Rücken drehen und die Filets lösen.

Filets, je nach Größe, in 2 bis 4 Tranchen schneiden.

Sattelstück

Als Sattelstück wird der hintere Teil des Rückens, z.B. bei Kalb, Hammel, Reh, mit den darunterliegenden Filets bezeichnet. Tranchiert wird im englischen Schnitt.

Arbeitsschritte:
Sattelstück auf das Tranchierbrett legen.

Rückenstrang von außen in Richtung Wirbelsäule in etwa 0,5 cm dicke Längstranchen schneiden.

Sattelstück umdrehen; die Filets lösen und je nach Größe in 2 bis 4 Tranchen schneiden.

Arbeiten am Tisch des Gastes

Hammelkeule

Eine Hammelkeule wird für mehrere Personen serviert. Es gibt verschiedene Tranchiermethoden:

Die einzelnen Tranchen direkt von der Keule abschneiden.
Das Fleisch vom Knochen lösen und in gleichmäßige Tranchen schneiden.

1. Schneiden von der Keule

Arbeitsschritte:

Keule auf das Tranchierbrett legen.

Mit der Handserviette das Knochenende festhalten und in einem Winkel von etwa 45° halten.

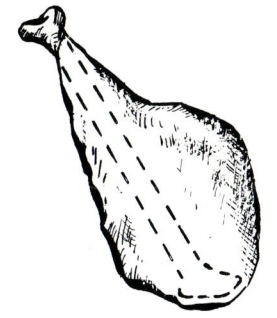

Am oberen Knochenende entlang des Knochens einschneiden, die ersten kleinen Tranchen abschneiden und warmstellen.

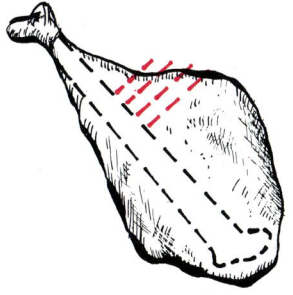

Nuß (kugelförmiges Fleischstück aus der Keule) in gleichmäßige Tranchen quer zur Faser schneiden.

Knochen drehen und das restliche Fleisch entlang des Knochens lösen und zum Nachservice warmhalten.

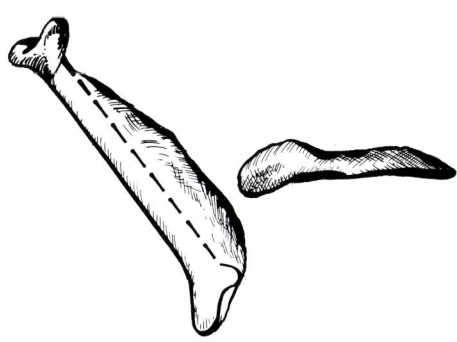

2. Fleisch vom Knochen lösen

Arbeitsschritte:

Keule auf das Tranchierbrett legen.

Knochenende mit der Serviette festhalten und die Keule in einem Winkel von etwa 45° halten.

Beide Fleischstücke entlang des Knochens lösen.

Das größere Fleischstück quer zur Faser senkrecht in gleichmäßige Tranchen schneiden.

Das kleinere Fleischstück in schräge Tranchen schneiden.

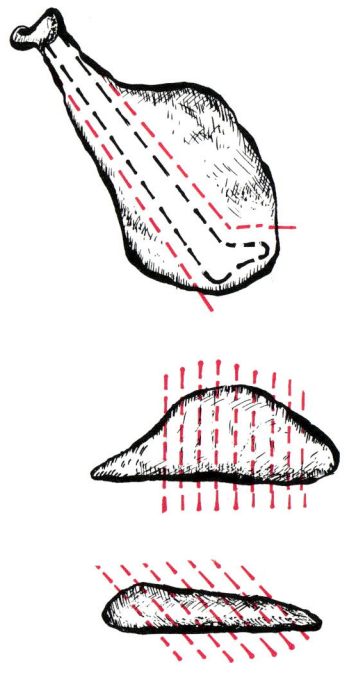

Kalbshaxe

Die Kalbshaxe ist der untere Teil der Kalbskeule (Unterschenkel). Sie wird je nach Größe für 2 bis 4 Personen serviert.

Arbeitsschritte:

Haxe auf das Tranchierbrett legen.

Das obere Knochenende mit der Serviette festhalten und die Haxe in einem Winkel von etwa 45° halten.

Fleisch am Knochen entlang abschneiden.

Arbeiten am Tisch des Gastes

Fleisch mit der Faser senkrecht in gleichmäßige Tranchen schneiden.

Merke:
Die Haxe besteht aus mehreren kleineren Muskelsträngen. Beim Schneiden gegen die Faser besteht die Gefahr, daß die Tranchen auseinanderfallen, da verschiedene Muskelstränge angeschnitten sind.

Beim Schneiden mit der Faser wird nur ein Muskelstrang angeschnitten; die Struktur des Fleisches bleibt so erhalten.

falsch

Poularde

Die Poularde ist ein junges, noch nicht geschlechtsreifes Masthuhn mit besonders zartem Fleisch. Sie wiegt zwischen 1,5 und 2,5 kg. Gewöhnlich wird die Poularde für zwei Personen serviert.

Arbeitsschritte:

Poularde so mit dem Rücken auf das Tranchierbrett legen, daß die Keulen in Richtung Trancheur zeigen.

Gabel auf die Poularde legen.

Merke:
Auch bei Geflügel nicht mit der Gabel ins Fleisch stechen!

falsch

Haut an den Schenkeln mit dem Tranchiermesser anritzen, damit sie bei den weiteren Arbeitsschritten nicht abgerissen oder zerfasert wird.

Keulen einzeln mit dem Tranchiermesser vorsichtig auseinanderdrücken und im Gelenk vom Rumpf abtrennen.

Ober- und Unterschenkel im Gelenk trennen und warmstellen.

Um die richtige Schnittstelle zu finden, wird parallel zur Außenseite des Schenkels die Rundung auf der Innenseite nachvollzogen.

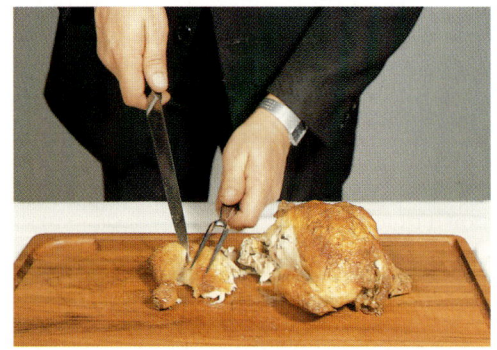

Flügel abtrennen.
Das Gelenk liegt etwa 1 cm in der Brust. Daher etwas vom oberen Teil der Brust mitschneiden!

Arbeiten am Tisch des Gastes

Haut am Brustbein anritzen, damit die Lage des Brustbeins sichtbar wird.

Mit dem Messer vom Brustbein aus das Brustfleisch entlang der Karkasse lösen.

Zum besseren Halt kann man hierbei mit der Gabel seitlich, an der durch die abgetrennten Schenkel freigewordenen Stelle, in die Karkasse stechen.

Brustfleisch je nach Größe der Brust in 2 bis 3 schräge Tranchen schneiden.

Karkasse umdrehen und die „Filets" lösen.

Ente

Enten haben weniger Fleisch als Hühner und sind meistens etwas schlanker. Sie werden im Alter von 6 Wochen bis 3 Monaten geschlachtet (Gewicht zwischen 1,7 und 2,7 kg).

Ente serviert man meistens für zwei Personen.

Arbeitsschritte:

Ente so auf das Tranchierbrett legen, daß die Keulen zum Trancheur zeigen.

Haut an den Schenkeln anritzen, damit sie bei den weiteren Arbeitsschritten nicht abgerissen wird.

Keulen mit dem Tranchiermesser vorsichtig auseinanderdrücken und im Gelenk vom Rumpf abtrennen.

Merke:
Die Gelenke liegen tiefer als bei Poularden! Es ist daher empfehlenswert, den abgespreizten Schenkel leicht mit dem Messer zu sich zu ziehen, wodurch die Gelenkkugel aus der Gelenkpfanne springt. Die genaue Lage des Gelenks wird sichtbar, und der Schenkel läßt sich besser abtrennen.

Schenkel warmstellen.

Flügel abtrennen.

Merke:
Die Gelenke sitzen tiefer als bei Poularden, daher muß man tiefer in den Brustansatz einschneiden.

Arbeiten am Tisch des Gastes

Brustfleisch von der Karkasse lösen, was auf zwei Arten geschehen kann:

Bei einer dicken Brust vorzugsweise den englischen Schnitt anwenden, d.h. von außen in Richtung Brustbein dünne Längstranchen schneiden.

Bei einer dünnen Brust die Brust als Ganzes lösen, und das Brustfleisch in Tranchen schneiden.

Gans

Gänse zählen zu größerem Geflügel; sie wiegen zwischen 2,5 und 5 kg. Je nach Größe serviert man sie für 4 bis 6 Personen.

Arbeitsschritte:

Gans so mit dem Rücken auf das Tranchierbrett legen, daß die Keulen in Richtung Trancheur zeigen.

Haut an den Schenkeln anritzen, damit sie bei den weiteren Arbeitsschritten nicht abgerissen oder zerfasert wird.

Keulen einzeln mit dem Tranchiermesser vorsichtig auseinanderdrücken und im Gelenk vom Rumpf abtrennen.

Keulen warmstellen.

Flügel abtrennen.
Das Gelenk liegt etwa 1,5 bis 2 cm in der Brust. Daher etwas vom oberen Teil der Brust mitschneiden.

Brustfleisch von außen in Richtung Brustbein im englischen Schnitt, d.h. in Längstranchen schneiden.

Brustfleisch auf heißen Tellern anrichten.

Arbeiten am Tisch des Gastes

Warmgestellte Keulen im Gelenk trennen und Ober- und Unterschenkel zum Nachservice warmstellen.

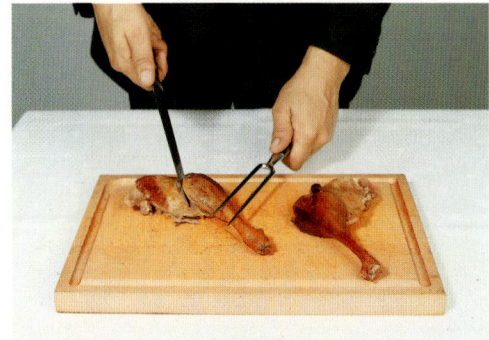

Getrennte Gänsekeulen.

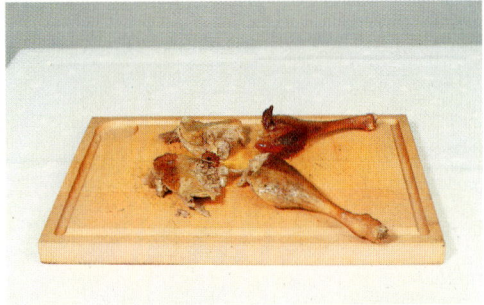

Pute

Puten (Truthähne) gehören zum großen fleischreichen Geflügel (Gewicht zwischen 2,5 und 6 kg). Sie werden je nach Größe für 4 bis 8 Personen serviert.

Arbeitsschritte:

Pute so mit dem Rücken auf das Tranchierbrett legen, daß die Keulen in Richtung Trancheur zeigen.

Haut an den Schenkeln anritzen, damit sie beim weiteren Vorgehen nicht abgerissen oder zerfasert wird.

Keulen einzeln mit dem Tranchiermesser vorsichtig auseinanderdrücken und im Gelenk vom Rumpf abtrennen.

Ober- und Unterschenkel im Gelenk trennen.

Oberschenkel in etwa 1 cm dicke Tranchen schneiden.

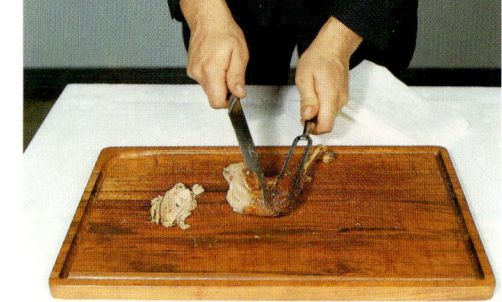

Merke:
Wegen der Größe des Oberschenkels wird dieser gegenüber den vorher besprochenen Geflügelarten nicht im Ganzen serviert.

Flügel abtrennen.

Zum besseren Halt kann man hierbei mit der Gabel seitlich, an der durch die abgetrennten Schenkel freigewordenen Stelle, in die Karkasse stechen.

Haut über dem Brustbein anritzen, damit die Lage des Brustbeins sichtbar wird.

Mit dem Messer vom Brustbein aus das Brustfleisch entlang der Karkasse lösen.

Die ganze Brust ist von der Karkasse gelöst.

Brustfleisch quer zur Faser in dünne Tranchen von ca. 1 cm schneiden.

Dem Gast sowohl vom Fleisch der Brust als auch vom Schenkel vorlegen, da sich Brust und Schenkel in Farbe und Festigkeit unterscheiden.

1.10.2 Filieren

Das Zerlegen von Fischen wird Filieren genannt. Im Gegensatz zu Tranchieren – in Scheiben schneiden – löst man beim Filieren die einzelnen Filets.

Grundkenntnisse
Körperbau

Rundfische und Plattfische unterscheiden sich in Anordnung und Lage der Gräten und damit in Lage und Verlauf der Filets.

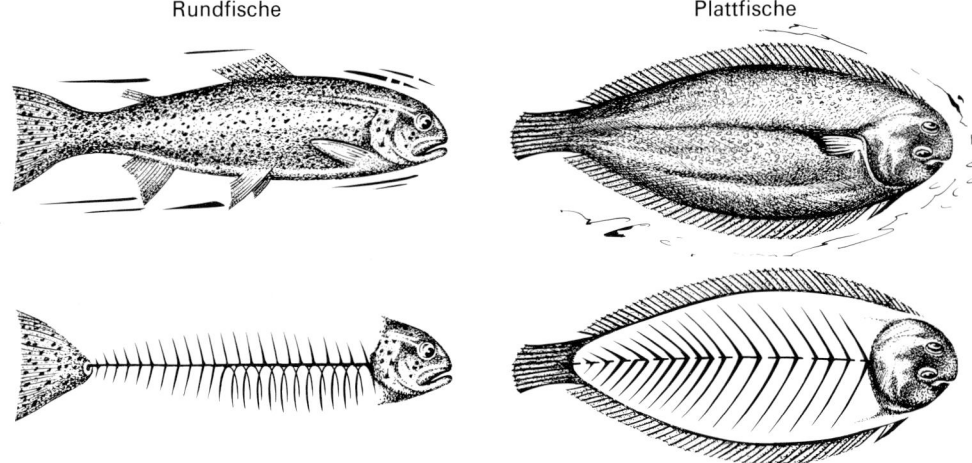

Festigkeit des Fleisches

Fische haben ein sehr zartes, bindegewebsarmes Fleisch. Von der Servicefachkraft wird ein besonderes „Fingerspitzengefühl" beim Filieren erwartet.

Art der Zubereitung

Sie ist entscheidend für die Vorgehensweise beim Filieren.

Pochierte Fische – Haut abziehen

Gebratene Fische – Haut nicht entfernen

Die Mise en place ist für das Filieren der zahlreichen Fischarten gleich und enthält:

Filierbesteck (Fischbesteck)

Warmhalteplatte

Große, heiße Teller

Mittelteller für Gräten

Vorleger

Forelle

Forelle blau

Das Service der pochierten Forelle kann auf einer Platte (allgemein üblich) oder in einem Bassin mit Einsatz erfolgen. Wird die Forelle im Bassin mit Einsatz serviert, sind folgende zusätzliche Arbeitsschritte erforderlich:

den Einsatz hochziehen,

den Fisch abtropfen lassen,

die Forelle mit dem Vorleger auf einen heißen Teller zum Filieren legen

Arbeitsschritte:

Mit dem Filierbesteck die Rückenflosse lösen und herausziehen. (Läßt sich die Flosse leicht lösen, ist der Fisch gar.)

Bauchflossen lösen.

Kopf abtrennen oder die Haut um den Kopf anritzen (d.h. der Kopf bleibt dran).

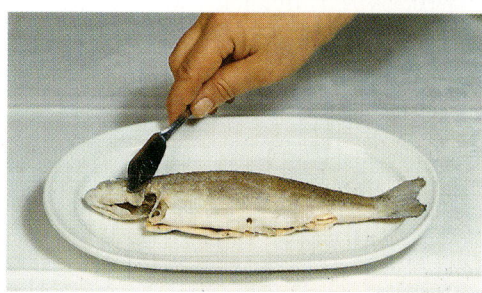

Haut am Rücken auftrennen.

Haut auf beiden Seiten von oben nach unten, d.h. vom Rücken zum Bauch, abziehen.

Das Lösen des Fleisches von den Gräten kann auf zwei Arten geschehen:

1. Ober- und Unterfilet im ganzen abnehmen:

   Mit dem Fischmesser vorsichtig über die Schwanzgräten bis zu den Rippengräten gleiten.

   Das Fischmesser zu sich drehen und die Filets von oben nach unten über die Rippengräten abziehen.

2. Ober- und Unterfilet getrennt abnehmen:

   Ober- und Unterfilet an ihrer Trennlinie markieren.

Voneinander trennen, d.h. nach oben bzw. nach unten abschieben.

Merke:
Bei dieser Art läßt sich das Fleisch leichter von den Gräten lösen.

Grätenskelett abziehen.

Arbeiten am Tisch des Gastes

Bäckchen herausnehmen und vorlegen.

Forelle auf Müllerinart

Die gebratene Forelle kommt immer auf einer Platte aus der Küche.

Arbeitsschritte:

Mit dem Filierbesteck Rücken- und Bauchflossen lösen und herausziehen.

Kopf abtrennen.

Haut am Rücken auftrennen.

Fleisch mit der Haut von den Gräten lösen, dabei den Fisch am Schwanz einschneiden und mit dem Fischmesser in Richtung Kopf über die Schwanzgräten bis zu den Rippengräten gleiten.

Das Fischmesser zu sich hin drehen und beide Filets von oben nach unten über die Rippengräten abziehen.

Grätenskelett abziehen.

Filet mit der gebratenen Seite nach oben vorlegen.

Bäckchen servieren.

Es bestehen zwei Möglichkeiten:

Entweder die Bäckchen herausnehmen und vorlegen oder den Kopf mit den Bäckchen vorlegen, da sich die Bäckchen bei gebratenen Forellen schwer lösen lassen.

Seezunge

Ganze Seezungen kommen fast nur gebraten an den Tisch des Gastes, wie z.B. die Seezunge auf Müllerinart. Das Filieren der gebratenen Seezunge kann nach klassischer und moderner Art erfolgen.

Filieren auf klassische Art

Es erfolgt durch Abheben der einzelnen Filets.

Arbeitsschritte:

Kopf abtrennen. (Vielfach erfolgt das Abtrennen des Kopfes bereits vor der Zubereitung in der Küche.)

Den Grätensaum lösen indem man ihn nach außen abschiebt.

Auf einen angewärmten Mittelteller legen.

Haut vom Kopf in Richtung Schwanz entlang der Mittelgräte anritzen.

Die obenliegenden Filets einzeln von den Gräten abheben, auf einen heißen Teller legen und dem Gast einsetzen.

Zum Lösen der untenliegenden Filets bestehen zwei Möglichkeiten:

Entweder den Grätenstrang abheben und entfernen oder die Seezunge umdrehen und die beiden Filets von den Gräten lösen.

Filets vorlegen.

Grätensaum einsetzen und eine Fingerschale dazugeben.

Filieren auf moderne Art

Diese Filiermethode erlaubt ein schnelleres Arbeiten, da nicht einzelne Filets gelöst und abgehoben werden. Die oben- und untenliegenden Filets einer Seite werden gleichzeitig gelöst.

Arbeitsschritte:

Grätensaum lösen (wie beim Filieren auf klassische Art).

Haut entlang der Mittelgräte anritzen.

Gabel entlang der Mittelgräte einstechen und gleichzeitig das Ober- und Unterfilet einer Seite von den Gräten abschieben.

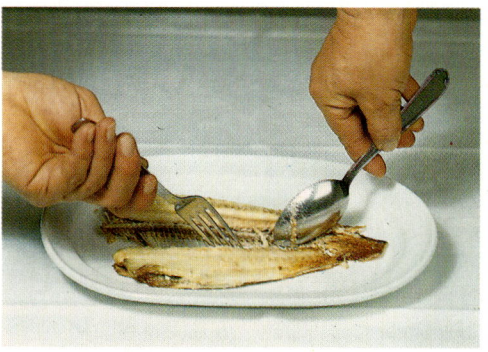

Gegenüberliegenden Filets lösen.

Dies kann auf zwei Arten geschehen:

Entweder den Grätenstrang festhalten und die Filets wie vorher abschieben oder die Gräten aus den Filets herausziehen.

Filets auf den heißen Teller vorlegen.

Grätensaum einsetzen.

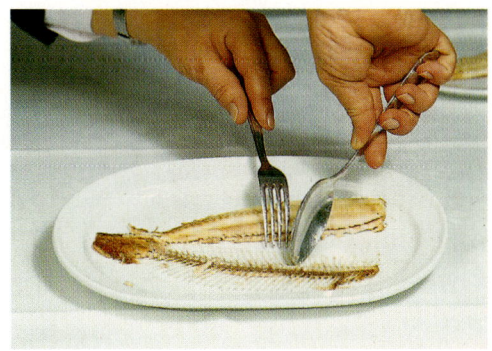

Scholle

Das Filieren der Scholle verlangt große Sorgfalt, da sie ein sehr zartes Fleisch besitzt und leicht auseinanderfällt. Die Scholle ist ungeeignet für das Filieren nach moderner Art.

Beim Filieren der Scholle sind die gleichen Arbeitsschritte einzuhalten wie beim Filieren der Seezunge nach klassischer Art.

Arbeitsschritte:

Grätensaum lösen.

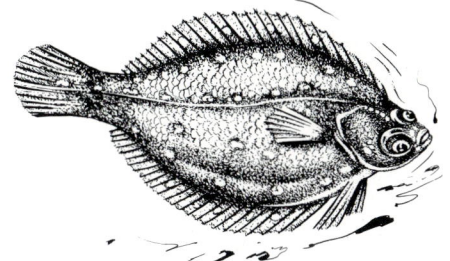

Haut vom Kopf in Richtung Schwanz entlang der Mittelgräte anritzen.

Obenliegende Filets vorsichtig von den Gräten abheben.

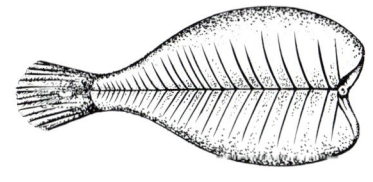

Untenliegende Filets lösen:
a) Grätenskelett abheben,
b) Scholle umdrehen und Filets vorsichtig abheben.

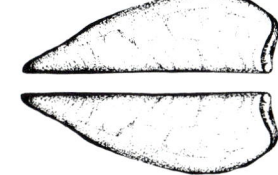

Die Filets vorsichtig vorlegen.

Grätensaum auf Nachfrage einsetzen.

Steinbutt

Beim Filieren des Steinbutts muß das Alter und die Größe des Fisches berücksichtigt werden.

Der ältere bzw. erwachsene Fisch hat einen größeren Umfang und eine etwas andere Form als der Jungfisch. Das obere Filet ist größer und breiter und bedarf deshalb einer anderen Behandlung. Der Steinbutt wird oft für mehrere Personen serviert.

Arbeitsschritte:

Grätensaum lösen.

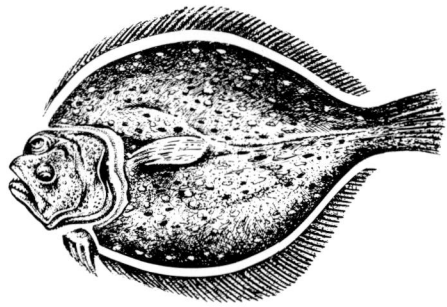

Entlang der Mittelgräte mit dem Fischmesser markieren.

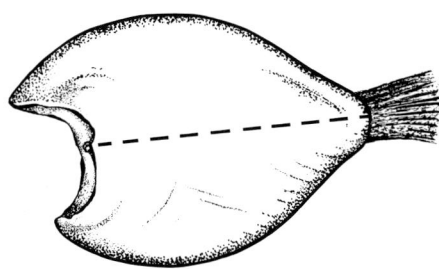

Das obere, breitere Filet in der Mitte in Längsrichtung vom Kopf zum Schwanz markieren.

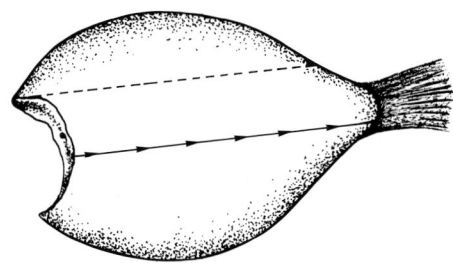

Ober- und Unterfilet im rechten Winkel zu den Markierungen mit der Fischmesserspitze portionieren.

Die einzelnen Portionen vorsichtig abheben und vorlegen.

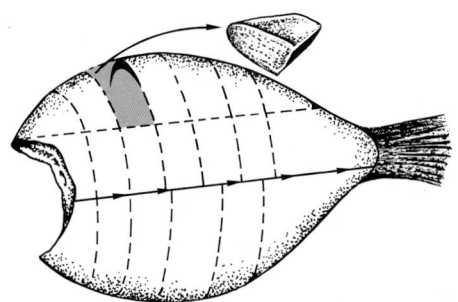

Babybutt

Beim Filieren des Babybutts gelten die gleichen Arbeitsschritte wie bei der Seezunge und der Scholle.

Arbeitsschritte:

Grätensaum lösen.

Entlang der Mittelgräte einritzen.

Obere Filets abheben.

Grätenskelett abheben.

Filets vorlegen.

Grätensaum einsetzen.

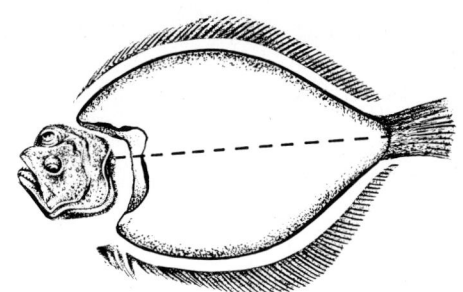

1.10.3 Zerlegen von Krustentieren

Hummer

Das Zerlegen eines Hummers erfolgt im allgemeinen in der Küche. Im gehobenen Service werden ganze Hummer am Tisch des Gastes zerlegt. Hierbei ist zu unterscheiden in:

Zerlegen des Körpers

Aufbrechen der Scheren

Aufbrechen der Beine

Die mise en place zum Zerlegen eines Hummers besteht aus:

1 Tranchierbrett
1 Tranchierbesteck
1 kurzes, starkes Messer
1 Vorleger
2 Servietten
1 Fingerschale
1 Hummerzange
1 Hummergabel
1 Anrichteplatte
1 Teller
2 Mittelteller

Zerlegen des Körpers

Arbeitsschritte:

Hummer mit dem Schwanz nach rechts auf das Tranchierbrett legen.

Scheren vom Körper trennen. Dabei den Hummer am Oberkörper festhalten und die Scheren mit einer kurzen, drehenden Bewegung der Hand abdrehen.

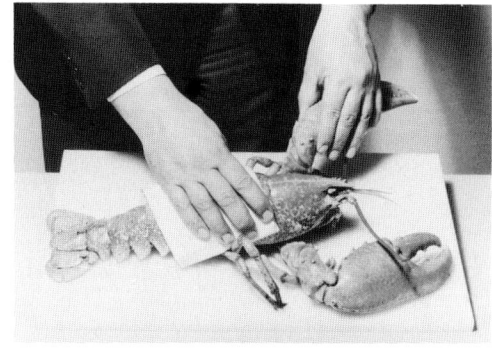

Scheren auf den Teller legen.

Das kurze, starke Messer fast senkrecht in der Mitte des Oberkörpers ansetzen.

Mit einer kräftigen, nach unten drückenden Bewegung den Schwanz der Länge nach durchschneiden.

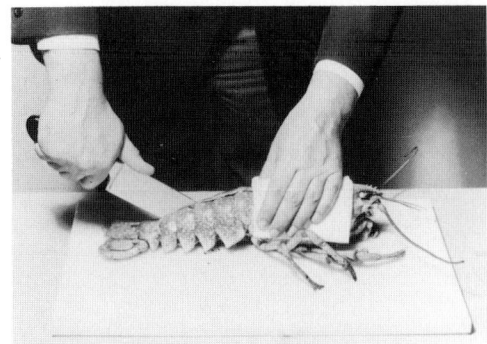

Merke:
Vorsichtig arbeiten, denn bei Unachtsamkeit gleitet das Messer oft vom harten Panzer ab, was zu Schnittverletzungen führen kann.

Der Schwanz des Hummers ist halbiert.

Den Hummer so drehen, daß der Kopf nach rechts zeigt und das Messer ansetzen.

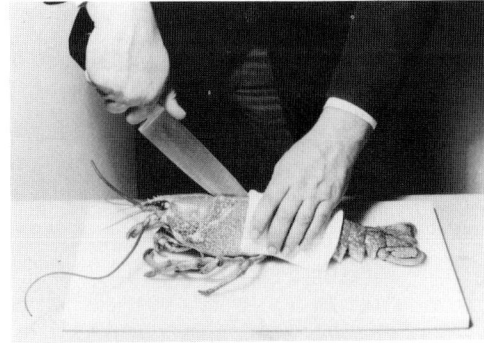

Dann das Kopfstück der Länge nach durchschneiden.

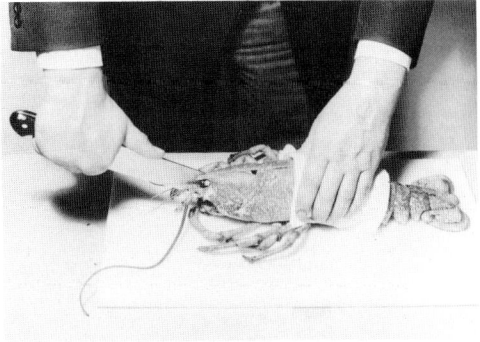

Mit der Hummergabel wird vorsichtig dem halbierten Hummer der Magen entnommen. Der sackförmige Magen befindet sich hinter dem Kopf des Hummers.

Den Darm vorsichtig mit der Hummergabel aus den Körperhälften herauslösen. Der Darm verläuft in der Mitte des Schwanzes und ist als längerer, dunkler Streifen sichtbar.

Bei Hummerweibchen die Eier mit der Löffelseite der Hummergabel vorsichtig herausheben und einsetzen.

Schwanzfleisch mit dem Vorleger aus dem Panzer lösen.

Dabei hält man mit dem Löffel die Schale fest und zieht mit der Gabel das Fleisch heraus.

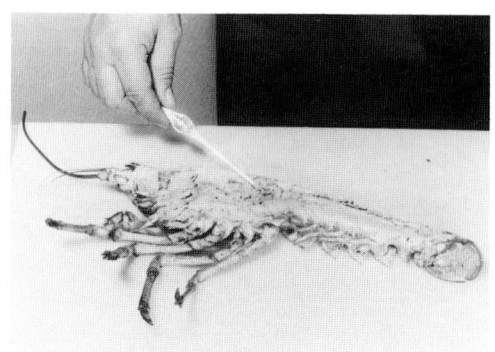

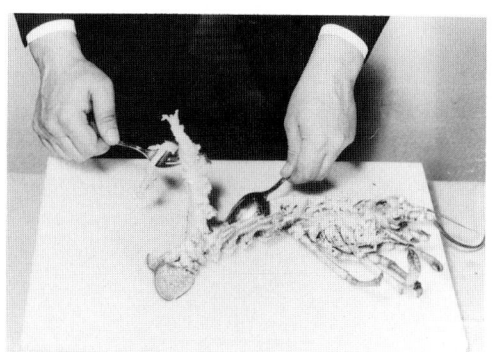

Schwanzfleisch im ganzen oder in schräge Tranchen geschnitten auf dem Teller oder der Anrichteplatte anrichten.

Aufbrechen der Scheren

Arbeitsschritte:

Glieder der Schere mit dem kurzen, starken Messer in den Gelenken auseinanderbrechen.

Arbeiten am Tisch des Gastes **127**

Die Schere ist jetzt in drei Glieder getrennt:
die eigentliche Schere
den kurzen, dicken Mittelarm
den etwas längeren Oberarm

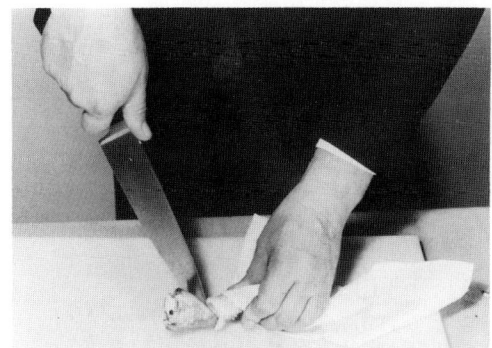

Beide Greifscheren auseinanderbrechen.

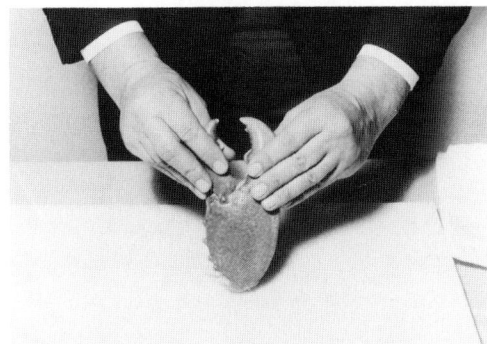

Schere mit der halbrunden Seite auf das Tranchierbrett stellen und mit der linken Hand festhalten.

Mit dem Messerrücken auf den gewölbten Rand schlagen und dabei das Messer ein wenig nach rechts drehen. Dadurch berstet ein Teil des Scherenpanzers.

Scherenpanzer auseinanderbrechen.

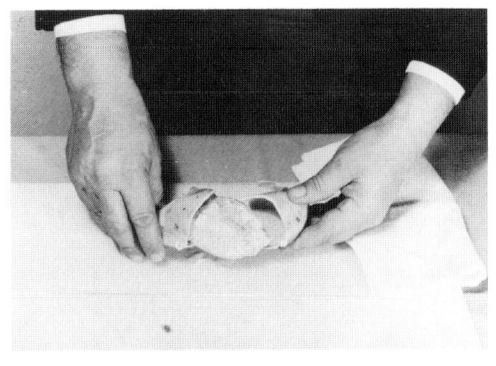

Fleisch der Scheren mit der Hummergabel
herauslösen.

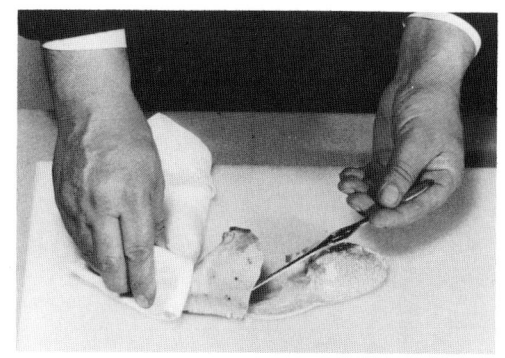

Messer auf den Oberseiten der Armglieder
ansetzen und die beiden Glieder halbieren.

Fleisch mit Hilfe der Hummergabel lösen,
auf einen Mittelteller legen und einsetzen.

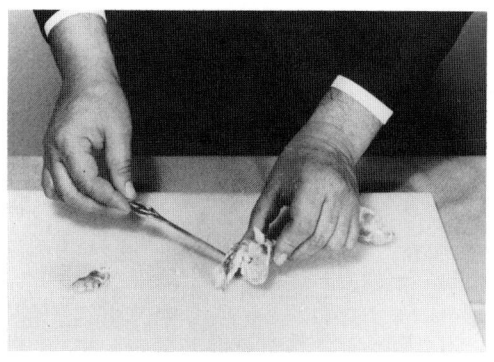

Aufbrechen der Beine

Arbeitsschritte:

Beine mit einer kurzen, drehenden Bewegung vom Körper abbrechen und die einzelnen Glieder mit dem Messer voneinander trennen.

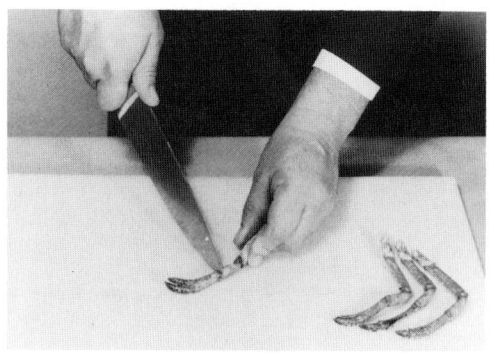

In der Mitte der einzelnen Glieder die Schale mit einem scharfen Messer anritzen. Dabei vorsichtig vorgehen, da sonst die Beinglieder durchtrennt werden.

Beide Teile der Beinglieder vorsichtig auseinanderziehen.

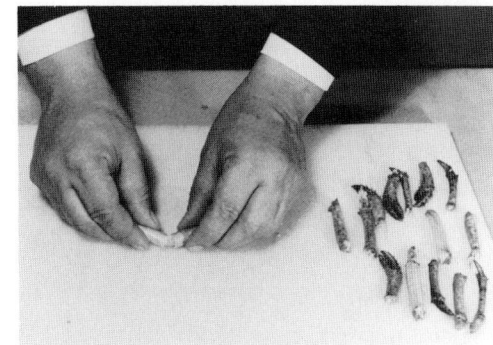

Das Fleisch bleibt dabei in einem Teil des Beingliedes hängen und ist auf der anderen Seite frei.

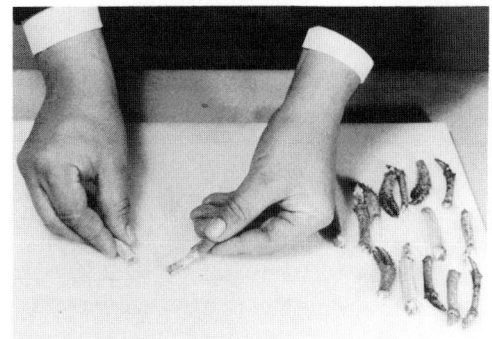

Gliedstücke einzeln auf einem Mittelteller anrichten und dem Gast einsetzen.

Krebse

Häufig werden die Krebse dem Gast eingesetzt und dieser öffnet sie selbst. Jedoch kann die Servicekraft auch vom Gast aufgefordert werden, sie für ihn zu zerlegen.
Nicht alle Körperpartien enthalten genügend Fleisch.

Scheren und Schwanz enthalten relativ viel Fleisch.
Beine sind sehr wenig ergiebig.
Rumpf und Kopf werden gleich auf den Abfallteller gelegt.

Die mise en place für das Zerlegen von Krebsen besteht aus:
Krebsbesteck
Wärmeplatte
Mehrere Teller
Handserviette
Fingerschale
Vorleger

Arbeitsschritte:
Krebse einzeln aus der Schüssel nehmen.

Scheren mit einer kurzen, drehenden Bewegung abbrechen.

Beine abdrehen.

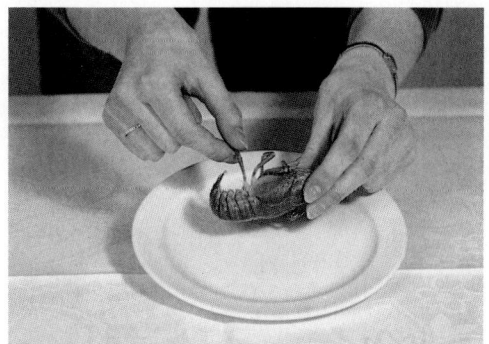

Beine auf einen Mittelteller legen und einsetzen.

Krebs zwischen Zeigefinger und Daumen nehmen.

Schwanz mit einer kurzen Drehung abdrehen.

Schwanzringe mit dem Krebsmesser öffnen und das Fleisch mit der Krebsgabel herausnehmen.

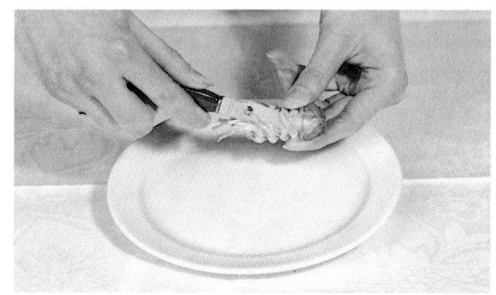

Merke:
Das Schwanzfleisch kann auch gelöst werden, indem man die Schale leicht drückt und so das Fleisch herauspreßt.

Fleisch auf den Teller legen.

Scherenspitze in das Loch des Krebsmessers einstecken und aufbrechen.

Mit der Spitze des Krebsmessers den unteren Teil der Schere aufbrechen.

Arbeiten am Tisch des Gastes 133

Mit der Krebsgabel das Fleisch herauslösen und auf den Teller legen.

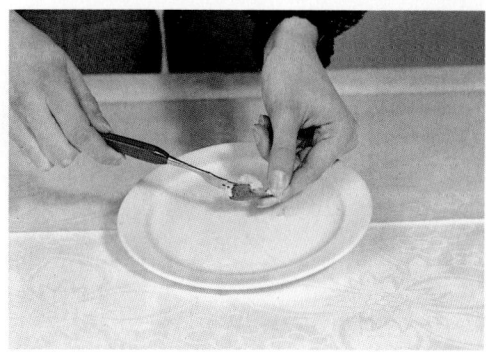

Merke:
Mehrere Teller bereithalten, damit der Gast nicht zu lange warten muß und die Krebse nicht kalt werden!

1.10.4 *Flambieren von Speisen*

Zum vollendeten Service gehört das Flambieren. Der Begriff kommt aus dem Französischen flamber = brennen, anzünden.

Flambieren heißt, eine Speise mit Spirituosen übergießen und den verdunstenden Alkohol entzünden, um den Geschmack zu verfeinern. Der dabei erzielte Schaueffekt sollte nicht übertrieben werden.

Es werden flambiert:

Vorspeisen, wie z.B. Hummerkrabben, Froschschenkel
Hauptspeisen, wie z.B. Pfeffersteak, Kalbsnieren
Nachspeisen, wie z.B. Crêpes, Früchte

Grundregeln des Flambierens

Sicherheitsabstand zum Gast einhalten!

Dem Gast zugewendet arbeiten, damit er verfolgen kann, wie seine Speise zubereitet wird.
Rezepturen genau beachten!

Vorgeschriebene Arbeitsschritte einhalten!

Erforderliche mise en place vollständig richten!

Materialien mit dem Vorleger wenden und nicht mit der Pfanne schwenken!

Alkohol nur mit dem Meßglas oder der Kelle in die heiße Flambierpfanne geben!

Merke:
Nie aus der Flasche den Alkohol direkt in die heiße Pfanne gießen (Explosionsgefahr)!

Zum Anzünden des Alkohols die Flamme des Rechauds nutzen und kein Streichholz verwenden!

Vorspeisen

Riesengarnelenschwänze mit Whisky flambiert (King Prawns)

Rezeptur	Vorbereitungsarbeiten in der Küche	Anrichteweise für den Servicetisch
3 bis 4 Riesengarnelenschwänze	pochieren und enthäuten	auf einem heißen Teller
20 bis 25 g Butter	portionieren	Schälchen
1 kleine Zwiebel	in feine Würfel schneiden	Schälchen
1 gestrichener Kaffeelöffel gehackte Petersilie	Petersilie fein hacken	Schälchen
$1/2$ Zehe Knoblauch	zerreiben	Schälchen
Salz und Pfeffer	–	Salzstreuer und Pfeffermühle
1 cl Sahne	abmessen	Kännchen
3 cl herber Weißwein	–	Karaffe und Meßglas
2 cl Whisky	–	Flasche und Meßglas

Mise en place der Arbeitsgeräte:

Flambierwagen
Flambierpfanne
Wärmeplatte
Großer, heißer Teller
Vorleger und Kelle
Probierteller und Probierlöffel
Meßglas

Mise en place der Zutaten:

Riesengarnelenschwänze
Butter
Zwiebeln, Knoblauch, Petersilie
Salz und Pfeffer
Sahne, Wein, Whisky

Arbeitsschritte:

Die Hälfte der Butter in die Flambierpfanne geben und bei kleiner Flamme zergehen lassen.

Arbeiten am Tisch des Gastes **135**

Riesengarnelenschwänze in die Pfanne geben und bei gleicher Flamme leicht bräunen.

Whisky über die Riesengarnelenschwänze geben und erhitzen.

Durch Schräghalten der Pfanne die Flamme überspringen lassen.

Whisky abbrennen lassen.

Flambierte Riesengarnelenschwänze auf einem heißen Teller zugedeckt auf die Wärmeplatte stellen.

Restliche Butter in die Pfanne geben und zergehen lassen.

Zwiebeln in die Pfanne geben und glasig dünsten.

Weißwein angießen und etwas reduzieren lassen.

Mit Salz und Pfeffer würzen.

Gehackte Petersilie und Knoblauch in die Pfanne geben.

Sahne angießen und verrühren.

Mit einem Kaffeelöffel und einem kleinen Teller abschmecken.

Merke:
Nie über der Pfanne abschmecken!

Warmgestellte Riesengarnelenschwänze in die Pfanne geben und in der Soße ziehen lassen.

Riesengarnelenschwänze vorlegen und einsetzen.

Putenleber mit Armagnac flambiert

Rezeptur für zwei Personen	Vorbereitungsarbeiten in der Küche	Anrichteweise für den Servicetisch
250 – 300 g Putenleber	in Scheiben schneiden	ovale Platte
40 – 50 g helle Rosinen	in weißen Bordeaux einlegen und 5 Minuten pochieren, den Wein dann auf ein Drittel reduzieren.	Schale für Rosinen
75 g Butter	portionieren	kleiner Teller
Salz, Pfeffer	—	Salzmühle, Pfeffermühle
2,5 cl Armagnac	—	Flasche, Meßglas
3 cl Weinreduktion	—	Karaffe oder Kännchen
3 cl Kalbsfond	—	Karaffe oder Kännchen
Crème fraiche	—	Schälchen
2 Scheiben Toast	toasten	Brotkörbchen mit Serviette

Arbeiten am Tisch des Gastes

Mise en place der Arbeitsgeräte:

Flambierwagen, Flambierpfanne, Wärmeplatte, heiße Teller, Vorleger, Meßglas, Probierteller, Probierlöffel

Mise en place der Zutaten:

Putenleberscheiben, Butter, Salz und Pfeffer, Armagnac, Weinreduktion, Kalbsfond, Crème fraiche, Rosinen, Toast

Arbeitsschritte:

Hälfte der Butter in der Flambierpfanne zergehen lassen.

Putenleberscheiben auf kleiner Flamme zart anbraten und mit Salz und Pfeffer würzen.

Armagnac über die Putenleberscheiben geben.

Flambierpfanne schräg halten und die Flamme des Flambierwagens überspringen lassen.

Putenleberscheiben flambieren.

Flambierte Putenleberscheiben auf einem heißen Teller zugedeckt warmstellen.

Restliche Butter, Weinreduktion und Kalbsfond in die Flambierpfanne geben und etwas einkochen.

Crème fraiche dazugeben und verrühren.

Abschmecken.

Warmgestellte Putenleberscheiben in die Pfanne geben und im Fond etwas ziehen lassen.

Rosinen zufügen.

Putenleberscheiben auf Toast anrichten und mit dem Fond nappieren.

Flambierte Putenleberscheiben auf Toast servieren.

Hauptspeisen

Flambiertes Pfeffersteak

Rezeptur	Vorbereitungsarbeiten in der Küche	Anrichteweise für den Servicetisch
1 Filetsteak von 180 bis 200 g	—	—
Schwarze Pfefferkörner	zerdrücken	—
Salz	Filetsteak salzen und im zerdrückten Pfeffer wälzen	—
1 Eßlöffel Öl	Pfeffersteak anbraten	Heiße Platte
1 kleine Zwiebel	in feine Würfel schneiden	Schälchen
2 dl demi-glace	abmessen	Sauciere
1 dl Sahne	abmessen	Kännchen
20 bis 30 g Butter	portionieren	kleiner Teller
5 bis 6 cl Rotwein (Burgunder)	abmessen	Karaffe
2 bis 3 cl Cognac	—	Flasche und Meßglas
1 Eßlöffel Öl	abmessen	Kännchen

Arbeiten am Tisch des Gastes **139**

Mise en place der Arbeitsgeräte:

Flambierwagen, zwei Flambierpfannen, Wärmeplatte, heißer Teller,

Vorleger, Pfeffermühle, Salzstreuer, Probierteller, Probierlöffel, Meßbecher.

Mise en place der Zutaten:

Öl, Butter, Rotwein, Sahne, Zwiebeln, zerdrückter Pfeffer,

Salz und Pfeffer, Cognac, angebratenes Filetsteak.

Arbeitsschritte:

Öl in eine Flambierpfanne geben und bei mittlerer Flamme erhitzen.

Pfeffersteak in die Pfanne geben und auf die vom Gast gewünschte Garstufe bringen.

Mit dem Cognac übergießen, durch Schräghalten der Pfanne die Flamme überspringen lassen und flambieren.

Mit etwas demi-glace die Flamme löschen.

Merke:
Der Cognac darf nicht zu lange auf dem Fleisch brennen, da sonst die Kruste trocken und hart wird.

Während des Bratens des Pfeffersteaks die Soße wie folgt zubereiten:

Butter in der zweiten Flambierpfanne bei kleiner Flamme zergehen lassen.

Zwiebeln dazugeben und glasig dünsten.

Restliche demi-glace über die Zwiebeln geben.

Mit Pfeffer und Salz würzen.

Rotwein dazugeben und verrühren.

Auf mittlerer Flamme reduzieren lassen.

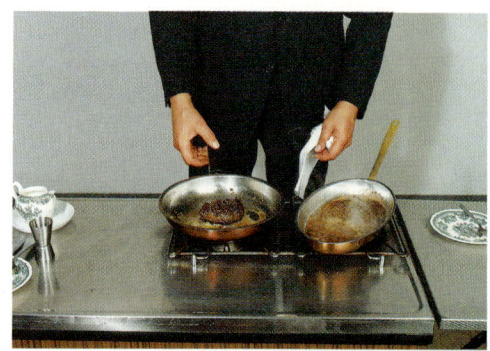

Sahne in die Soße geben und verrühren.

Mit einem Kaffeelöffel und einem kleinen Teller abschmecken.

Flambiertes Pfeffersteak auf einen heißen Teller geben, mit der Soße nappieren und dem Gast einsetzen.

Flambierte Kalbsnieren

Rezeptur	Vorbereitungsarbeiten in der Küche	Anrichteweise für den Servicetisch
150 bis 180 g Kalbsnieren	der Länge nach halbieren, in Scheiben schneiden und säubern	Porzellanschüssel
2 Eßlöffel Öl (20 g)	—	Kännchen bzw. Karaffe
1 mittelgroße Zwiebel	in feine Würfel schneiden	Schälchen
25 g Butter	portionieren	kleiner Teller
60 bis 80 g Champignons	pochieren und feinblättrig schneiden	Schälchen
Salz, Pfeffer, Senf	—	Salzstreuer, Pfeffermühle, Schälchen für Senf
4 bis 6 cl Kalbsfond	abmessen	Sauciere
2 cl Sahne	abmessen	Kännchen
2 cl Sherry oder trockenen Portwein	—	Flasche und Meßglas
2 cl Cognac	—	Flasche und Meßglas

Arbeiten am Tisch des Gastes

141

Mise en place der Arbeitsgeräte:

Flambierwagen, zwei Flambierpfannen, Wärmeplatte, Teller, Vorleger, Probierteller, Probierlöffel, Meßglas.

Mise en place der Zutaten:

Kalbsnieren, Zwiebelwürfel, Champignonscheiben, Öl, Butter, Salz, Pfeffer, Senf, Kalbsfond, Sahne, Sherry bzw. Portwein, Cognac.

Arbeitsschritte:

Öl in eine Flambierpfanne geben und bei mittlerer Flamme erhitzen.

Nieren in das heiße Öl geben und bei gleicher Flamme anbraten.

Nieren aus dem Öl nehmen, abtropfen lassen und warmstellen.

Pfanne mit dem Fett entfernen.

Hälfte der Butter in die zweite Pfanne geben und erhitzen.

Angebratene Nierenscheiben in der heißen Butter fertigbraten und mit Salz und Pfeffer würzen.

Cognac in die Pfanne geben, durch Schräghalten der Pfanne die Flamme überspringen lassen und die Nieren flambieren.

Flambierte Nieren aus der Pfanne nehmen und auf einem heißen Teller zugedeckt auf die Wärmeplatte stellen.

Restliche Butter in die Pfanne geben und bei kleiner Flamme erhitzen. Zwiebelwürfel in die Butter geben und glasig dünsten.

Kalbsfond angießen.

Eine Kaffeelöffelspitze Senf in den Kalbsfond geben und verrühren.

Champignons zum Fond geben und bei mittlerer Flamme erhitzen.

Sherry bzw. den trockenen Portwein dazugeben.

Soße etwas reduzieren lassen.

Sahne in die Soße geben und verrühren.

Mit einem Kaffeelöffel und einem kleinen Teller abschmecken.

Warmgestellte Nieren in die Soße geben und durchziehen lassen.

Nieren auf einen heißen Teller vorlegen und dem Gast einsetzen.

Arbeiten am Tisch des Gastes

Nachspeisen
Crêpes Suzette

Rezeptur für zwei Personen	Vorbereitungsarbeiten im Office bzw. in der Küche	Anrichteweise für den Servicetisch
20 bis 25 g Butter	portionieren	kleiner Teller
20 bis 25 g feiner Zucker	abmessen, eventuell Butter und Zucker zu einer Paste vermengen	Schälchen
2 bis 3 Orangenzesten	eventuell etwas Orangenschale in dünne Zesten schneiden und diese in feine Streifen schneiden	Schälchen
3 bis 5 Stücke Würfelzucker	an den Orangen- und Zitronenschalen abreiben	Schälchen
1 bis 2 ungespritzte Orangen	auspressen	Karaffe
1 ungespritzte Zitrone	auspressen	Karaffe
3 bis 4 cl Cognac	–	Flasche und Meßglas
2 cl Grand Marnier gelb	–	Flasche und Meßglas
6 Crêpes	in der Küche zubereiten	Warme Platte

Merke:
Die ätherischen Öle der Orangen- und Zitronenschalen verstärken den Fruchtgeschmack.

Dieser Effekt kann durch das Abreiben des Würfelzuckers an der Schale sowie durch die Zugabe von Zesten bewirkt werden. Dabei ist zu beachten, daß nur Orangenzesten hinzugegeben werden.

Mise en place der Arbeitsgeräte:

Flambierwagen, Flambierpfanne, Wärmeplatte, Vorleger, Kelle,

zwei Mittelteller, Probierteller, Probierlöffel, Meßglas.

Mise en place der Zutaten:

Butter und Zucker

Würfelzucker, evtl. Orangenzeste

Orangensaft, Zitronensaft

Grand Marnier, Cognac

Crêpes

Arbeitsschritte:

Crêpes zugedeckt auf die Wärmeplatte stellen.

Zucker karamelisieren.
Dieser Karamelisierungsvorgang ist auf drei Arten möglich:

1. Zucker in die Pfanne geben und bei kleiner Flamme goldbraun zergehen lassen, danach die Butter dazugeben und mit dem Vorleger vermischen.

2. Butter in die Pfanne geben und bei kleiner Flamme so zergehen lassen, daß die Butter nicht zu dunkel wird. Danach den Zucker dazugeben und unter Rühren bei gleicher Flamme goldbraun zergehen lassen.

3. Butter und Zucker (Butter-Zucker-Paste) gleichzeitig in die Pfanne geben und bei kleiner Flamme unter Rühren goldbraun zergehen lassen. Diese Zubereitungsart wird empfohlen, da sich Butter und Zucker gleichmäßiger auflösen.

Mit Orangen- und Zitronensaft ablöschen. Eventuell die kleingeschnittene Orangenzeste dazugeben.

Merke:
Je dunkler der Zucker karamelisiert, desto herber der Geschmack.

Wird er zu dunkel, schmeckt er bitter. Karamelisiert Zucker zu wenig, schmeckt er zu süß.

Grand Marnier und 1 cl Cognac in den Saft geben.

Abgeriebenen Würfelzucker dazugeben und zergehen lassen.

Unter Rühren einmal aufkochen lassen.

Mit einem Kaffeelöffel und einem kleinen Teller abschmecken.

Arbeiten am Tisch des Gastes

Crêpes einzeln in die Pfanne geben und im Fond gut durchtränken.

Crêpes mit dem Vorleger zweimal falten:

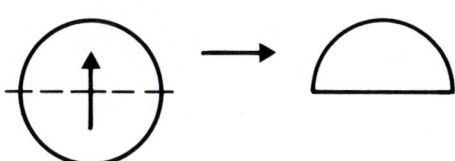

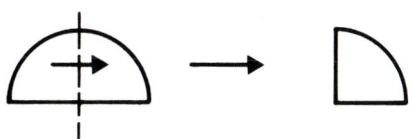

Mit dem restlichen Cognac flambieren.

Hierbei gibt es drei Möglichkeiten:

1. Den Cognac erwärmen und über die Crêpes gießen, die Pfanne schräghalten und die Flamme überspringen lassen.
2. Den Cognac in der Kelle entzünden und brennend über die Crêpes geben.

3. Die Crêpes auf den Tellern anrichten und mit dem Fond übergießen, den Cognac in der Kelle entzünden.

Cognac brennend über die Crêpes geben.

Crêpes brennend einsetzen.

Manche Betriebe geben aus optischen Gründen einige Mandelsplitter über die Crêpes.

Flambierte Kirschen

Rezeptur für zwei Personen	Vorbereitungsarbeiten im Office bzw. in der Küche	Anrichteweise für den Servicetisch
200 bis 300 g Kirschen	entsteinen und pochieren	Schale
25 bis 30 g feiner Zucker	abmessen	Schälchen
25 bis 30 g Butter	portionieren	kleiner Teller
6 bis 8 cl Kirschsaft	abmessen	Karaffe
1 Eßlöffel Kirschgelee	in eine Glasschale geben	Schälchen
$^1/_2$ Zitrone	auspressen	Karaffe
2 cl Maraschino	—	Flasche und Meßglas
3 bis 4 cl Kirschwasser	—	Flasche und Meßglas
2 bis 4 Kugeln Vanilleeis		Dessertschale

Arbeiten am Tisch des Gastes **147**

Mise en place der Arbeitsgeräte:
Flambierwagen, Flambierpfanne
zwei Mittelteller oder Schalen
Vorleger, Kelle
Probierteller, Probierlöffel
Meßglas

Mise en place der Zutaten:
Butter, Zucker
Kirschen, Kirschsaft, Kirschgelee
Zitronensaft, Maraschino, Kirschwasser

Arbeitsschritte:

Zucker und Butter — wie bei der Zubereitung der Crêpes Suzette beschrieben — karamelisieren lassen.

Mit dem Kirschsaft ablöschen.

Zitronensaft dazugeben.

Einen Löffel Kirschgelee in den Saft geben und verrühren.

Maraschino und 1 cl Kirschwasser dazugießen.

Fond unter Umrühren etwas reduzieren.

Mit einem Kaffeelöffel und einem kleinen Teller abschmecken.

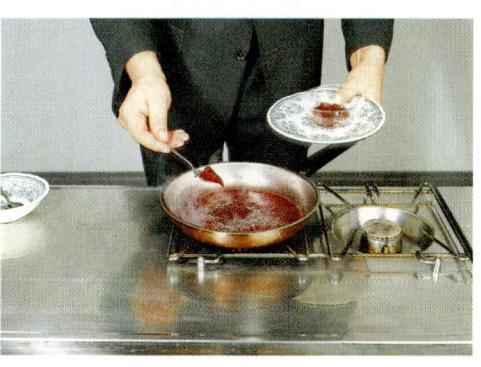

Kirschen in den Fond geben und 2 bis 3 Minuten durchtränken.

Kirschen mit dem restlichen Kirschwasser flambieren.

Hierbei gibt es zwei Möglichkeiten:
1. Flamme auf stark stellen, das Kirschwasser über die Kirschen gießen, erhitzen und durch Schräghalten der Pfanne die Flamme überspringen lassen.

2. Kirschwassser in der Kelle entzünden und brennend über die Kirschen geben.

Flambierte Kirschen über das Vanilleeis geben und dem Gast einsetzen.

1.10.5 Vorbereiten, Zubereiten und Service von kalten Speisen

Grapefruit

Mise en place:

2 Mittelteller

1 Tranchiermesser

1 Grapefruitmesser

Ist kein spezielles Grapefruitmesser vorhanden, genügt ein kleines, scharfes Messer mit dünner Klinge.

Teller für Abschnitte und Kerne.

Arbeitsschritte:

Grapefruit an den Enden mit dem Tranchiermesser glattschneiden, um einen besseren Stand zu erreichen. Nicht in das Fruchtfleisch schneiden, da sonst Saft ausfließt.

Grapefruit mit dem Tranchiermesser quer zu den Filets halbieren.

In jeder Grapefruithälfte den Strunk mit dem Grapefruitmesser herauslösen und die Kerne entfernen.

Mit dem Grapefruitmesser die einzelnen Filets von der Haut lösen. Die Filets liegen jetzt frei in ihren Hautkammern.

Grapefruithälften mit den freigelegten Filets einsetzen und einen Zuckerstreuer dazugeben.

Tatar

Als Tatar wird feingewolftes oder geschabtes Rindfleisch bezeichnet, das mit zahlreichen Zutaten in verschiedenen Variationen angeboten wird. Folgende Servicearten sind möglich:

1. Das Tatar wird in der Küche angemacht und dem Gast eingesetzt.
2. Das Tatar und alle Zutaten werden getrennt auf einer Platte in der Küche angerichtet. Die Platte wird dem Gast eingesetzt, der sein Tatar selbst zubereitet.
3. Die Servicefachkraft bereitet das Tatar vor den Augen des Gastes zu.

Rezeptur	Vorbereitungsarbeiten in der Küche	Anrichteweise für den Servicetisch
180 bis 200 g Rinderfilet	fein wolfen bzw. schaben	Platte oder Teller
1 Eigelb	Eigelb und Eiklar trennen	Schälchen
1 bis 2 Zwiebeln	in feine Würfel schneiden, einige Zwiebelringe zur Dekoration schneiden	Schälchen Schälchen
1 bis 2 Sardellenfilets	–	kleiner Teller
Petersilie, Kerbel, Estragon, Kapern	einen Teil der Kräuter fein hacken, Petersiliensträußchen richten (Dekoration)	Schälchen Schälchen
Salz, Pfeffer, Paprika	–	Streuer und Pfeffermühle
Worcestershiresauce, Senf	–	Flasche
2 bis 3 Cornichons	zu kleinen Fächern schneiden	kleiner Teller
2 bis 3 gefüllte Oliven	in dünne Scheiben schneiden	kleiner Teller
1 Salatblatt	waschen	kleiner Teller

Merke:
Die einzelnen Zutaten können auch dekorativ auf einem großen Teller angerichtet werden.

Arbeiten am Tisch des Gastes **151**

Mise en place

Arbeitsgeräte:
Tiefer Teller bzw. Glasschüssel, Vorleger, großer Teller bzw. Anrichteplatte
Kleiner Teller, Probierlöffel

Zutaten:
Gewolftes bzw. geschabtes Filet
Eigelb, Salz, Pfeffer, Paprika
Zwiebelwürfel, gehackte Kräuter
Sardellenfilets, Kapern, Öl, Senf
Worcestershiresauce

Garnitur:
Salatblatt, Zwiebelringe, Cornichonsfächer,
Olivenscheiben, Petersiliensträußchen

Das Tatar wird nach Angaben des Gastes zubereitet. Art und Menge der Zutaten bestimmt der Gast.

Arbeitsschritte:

1 oder 2 Sardellenfilets mit dem Vorleger im tiefen Teller fein zerdrücken. Zum leichteren Zerdrücken eventuell einige Tropfen Öl verwenden.

Eigelb auf die zerdrückten Sardellen setzen.

Eigelb mit Salz, Pfeffer und Paprika bestreuen.

Eigelb mit den Gewürzen und den Sardellen verrühren.

Eine Kaffeelöffelspitze Senf und etwas Worcestershiresauce dazugeben und gut verrühren.

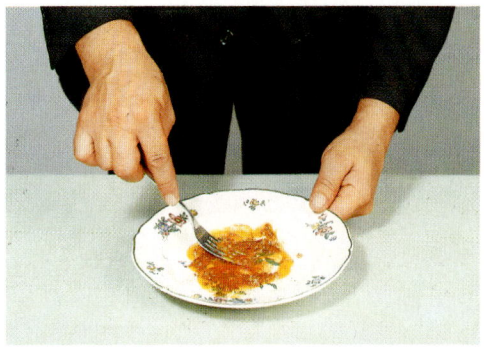

Feingeschnittene Zwiebeln und die gehackten Kräuter dazugeben.

Gewolftes Filet hinzugeben und das Ganze gut vermengen.

Merke:
Alle Gewürze und Würzkräuter müssen gut verteilt sein und vom Fleisch aufgesogen werden!

Kapern je nach Wunsch unterheben.

Den Gast probieren lassen, indem ein Löffel angemachtes Tatar auf einem kleinen Teller gereicht wird.

Das Tatar wie folgt anrichten:

Ein frisches Salatblatt auf die Platte oder einen großen Teller legen.

Darauf das Tatar setzen und mit dem Vorleger in Tournedosform bringen.

Mit Zwiebelringen, Olivenscheiben, Cornichonsfächer und Petersiliensträußchen garnieren.

Das Tatar dem Gast einsetzen. Menagen mit einsetzen, falls der Gast noch nachwürzen möchte.

Käse

Das Service der verschiedenen Käsesorten erfolgt vom Brett bzw. vom Käsewagen.

Die Käseauswahl sollte verschiedene Geschmacksrichtungen (mild, würzig oder scharf) berücksichtigen.

Mise en place:
Käsebrett
Tranchierbesteck
Vorleger
Mittelteller

Arbeitsschritte:
Die Platte dem Gast präsentieren.
Auf Wunsch die verschiedenen Käsesorten erklären.
Die Käseplatte auf den Servicetisch bzw. Servierwagen stellen.
Den gewünschten Käse portionieren und auf einen Mittelteller vorlegen.
Den Teller dem Gast einsetzen.

Schnittführungen beim Portionieren von Käse:

runde oder viereckige Weichkäse wie Tortenstücke,
z.B. Camembert

zylinderförmigen oder eckigen Hartkäse in Scheiben,
z.B. Emmentaler

kleine, runde Käse in zwei Teile,
z.B. Rigotte

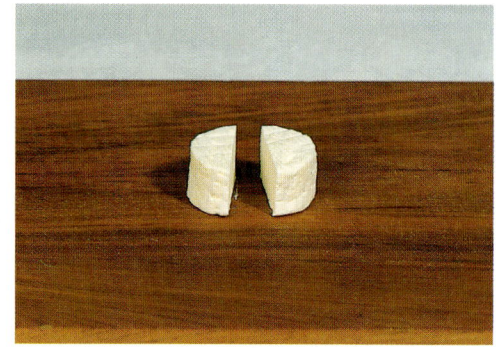

rollenförmigen Käse in runde Scheiben,
z.B. Ziegenkäse

pyramiden- oder kegelförmigen Käse in dreieckige Portionen,
z.B. Ziegenkäse-Pyramide

Arbeiten am Tisch des Gastes 155

flache, tortenförmige Käse in spitze Dreiecke,
z.B. Brie

dreiecksförmigen Käse in Facetten,
z.B. Roquefort

Ananas

Viele Obstsorten werden dem Gast im Korb angeboten. Der Gast wählt frei nach Geschmack. Größere Obststücke, z.B. Ananas, müssen auf dem Servicetisch zerlegt werden.

Mise en place:

Tranchierbrett, Tranchierbesteck
Vorleger, Serviette
Anrichteplatte
Teller für Abschnitte (Schale, Augen usw.)
Mittelteller je nach Personenzahl
Frische, ganze Ananas

Arbeitsschritte:

Ananas auf das Tranchierbrett legen.

Dolde (Blütenblätter) mit der Hand festhalten und das gegenüberliegende Ende mit dem Tranchiermesser gerade und glatt abschneiden.

Ananas auf die Schnittfläche stellen, und die Schale von der Dolde in Richtung Standfläche mit dem Tranchiermesser abschneiden.

Abgeschnittene Schalen auf den Teller für die Abschnitte legen.

Ananas wieder quer legen und in ca. 1 cm dicke, senkrechte Scheiben schneiden.

Inneren Teil (Herz, Strunk) herausschneiden und auf den Teller für die Abschnitte legen.

Scheiben auf der Platte anrichten. Die Dolde wird am oberen Rand der Platte als Garnitur eingesetzt.

Ananasscheiben vorlegen, und je nach Wunsch etwas Schlagsahne oder Kirschwasser dazugeben.

1.11 Speisen- und Menükarten

1.11.1 Speisenkarten

Speisenkarten erfüllen den Zweck, den Gast zum Bestellen von Speisen und Getränken anzuregen, zugleich spiegeln sie die Leistungsfähigkeit des Betriebes bzw. der Küche wider.

Aufgaben der Speisenkarte

Die Speisenkarte trägt einerseits zur Information des Gastes bei, andererseits gilt sie auch als Werbemittel für den Betrieb.

Die Speisenkarte informiert den Gast über die Angebote des Hauses, gleichzeitig gibt sie Auskunft darüber, was die Küche bietet.

Die Speisenkarte gibt jedoch nicht nur Informationen über das jeweilige Angebot, sondern gleichzeitig auch Auskunft über die Preisgestaltung. Dadurch werden in dem Gast Erwartungen geweckt, die durch Küche und Service erfüllt werden müssen.

Die Speisenkarte sollte ein wirksames Werbemittel für jeden Betrieb darstellen, wobei die Gestaltung und die Speisenangebote von besonderer Bedeutung sind.

Grundsätze für das Erstellen der Speisenkarte

Gediegene und geschmackvolle Präsentation

Die Speisenkarte muß ansprechend und geschmackvoll gestaltet werden. Unterschiedliche Ansprüche sollten bei der Gestaltung von Speisenkarten von vornherein berücksichtigt werden, z.B.:

Einband aus Leder, Kunststoff oder Paperback usw.

Innenblätter in Klarsichtfolien, kartoniert oder aus farbigem Papier usw.

Schrift mit Schreibmaschine, gedruckt oder handgeschrieben.

Eventuell Bebilderung, die die einzelnen Gerichte illustriert.

Klarheit und Übersichtlichkeit auf Speisenkarten

In der Anordnung der angebotenen Speisen muß Klarheit und Übersichtlichkeit herrschen. Bei guter Gestaltung kann sie beim Gast schon appetitanregend wirken.

Die Reihenfolge der Gerichtegruppen sollte logisch und fachlich einwandfrei aufgeführt werden; d.h. die Folge der Gerichtegruppen in der Speisenkarte gleicht der Gangfolge des Klassischen Menüs.

Beispiel:

Speisenkarte

Kalte Vorspeisen

Artischockensalat mit Distelöl
und Himbeeressig   .....

Roher Ardennenschinken
mit Melonenschiffchen   .....

Suppen

Kraftbrühe mit Pistazienklößchen   .....

Klare Ochsenschwanzsuppe
mit Sherry   .....

Warme Vorspeisen

Ragout fin überbacken   .....

Frische Gänsestopfleber
mit Madeirasoße   .....

Eierspeisen

Rührei mit Schinken   .....

Omelett mit Champignons   .....

Fischgerichte

Schwarzwaldforelle Müllerin   .....

Seezungenröllchen
nach Kardinalsart   .....

Spezialgerichte
für zwei Personen

Holsteiner Schnitzel   .....

Châteaubriand   .....

Fleischgerichte

Schwein

Schweinesteak nach Jägerart   .....

Kotelett vom Grill
mit Kräuterbutter   .....

Kalb

Schweizer Sahnegeschnetzeltes   .....

Kalbsteak au four   .....

Rind

Filetgulasch Stroganow   .....

Tournedos Rossini   .....

Geflügel

Coq au Riesling   .....

Entenbrust in Morchelrahmsoße   .....

Wild

Rehmedaillons Hubertus   .....

Hirschkalbsteak Diana   .....

Käse

Auswahl vom Brett   .....

Angemachter Gervais   .....

Nachspeisen

Birne Helene   .....

Crêpes Suzette   .....

Auf das Mengenverhältnis der einzelnen Gerichtegruppen zueinander ist zu achten.

Nicht so: 12 Suppen und 4 Hauptgänge oder
3 Suppen und 20 Hauptgänge.

Ferner sind zu umfangreiche Speisenkarten zu vermeiden.

Sie würden den Gast nur verwirren, der Durchblick ginge verloren. Sie werfen auch das Problem der Frische der angebotenen Speisen auf. Die Gefahr des Verderbs der selten gewählten Speisen ist hoch und damit eine Kostenfrage für den Betrieb.

Saisonbedingte Speisen sollten auf einer Extrakarte, z.B. Spargelkarte, angeboten werden.

Rechtschreibung und Ausdrucksweisen auf Speisenkarten

Selbstverständlich sollte die Karte auch frei von Stil- und Rechtschreibfehlern sein. Rechtschreibfehler kommen leider in vielen Speisenkarten vor, vor allem bei Garnituren, Fachausdrücken, Eigennamen, aber auch bei „normalen" Wörtern.

Beispiele für Wörter, die häufig falsch geschrieben werden:

Sahnemeerrettich	Châteaubriand
Gebeizter Lachs	Mayonnaise
Walnüsse	Lady Curzon
pochieren	Bearnaise

Beispiele für stilistische Fehler:

falsch	richtig
Räucherlachs mit Sahnemeerrettich	Wortkombination in eine Zeile schreiben. Also: Räucherlachs mit Sahnemeerrettich Beilagen vollständig angeben. Also: Räucherlachs mit Sahnemeerrettich Toast und Butter
Seezungenfilets pochiert	Zubereitungsart voraustellen. Also: Pochierte Seezungenfilets
Seezunge „Kardinal"	Feststehende Garnituren (Begriffe) nicht in Anführungsstriche setzen. Anführungsstriche setzt man nur bei Phantasienamen. Also: Seezunge Kardinal
Seezunge Kardinalsart	Unvollständige Schreibweise vermeiden. Wenn auf eine Garnitur hingewiesen wird, heißt es nach ..... Art bzw. auf ..... Art. Also: Seezunge nach Kardinalsart

Lesbarkeit von Speisenkarten

Bei älteren oder schwach kopierten Speisenkarten ist die Schrift oft ziemlich undeutlich. Der Gast muß sich beim Lesen der Speisenkarte anstrengen, allein dies könnte schon zur Verärgerung des Gastes führen.

Häufig kommt es vor, daß Gäste eine gut gestaltete Speisenkarte mitzunehmen wünschen. Dies sollte grundsätzlich möglich sein, da dieser „Kundendienst" folgende Vorteile bietet:

Bekanntmachen des Betriebes (Küche)

Erhaltung des Kundenstammes

Gewinnung neuer Kunden

Imagepflege

Es ist daher sinnvoll, den Werbeträger Speisenkarte mit in die Druckauflage einzuplanen.

Merke:
Die genannten Grundsätze für das Erstellen von Speisenkarten gelten auch für das Erstellen von Speisenfolgen!

1.11.2 Menükarten

Was ist ein Menü?

Unter Menü versteht man eine Folge von Speisen, d.h. einzelne Gerichte — auch Gänge genannt — die innerhalb eines Essens nacheinander serviert werden.

Vergleich Eintopf — Menü

Wird von den verarbeiteten Lebensmitteln ausgegangen, so lassen sich Gemeinsamkeiten zwischen einem Eintopf und einem einfachen Menü feststellen. Der Unterschied besteht hier in der Anzahl der Gänge:

Der Eintopf enthält alle Rohstoffe in einem einzigen Gang. Diese wären z.B.:

Brühe

Fleisch

Gemüse und Kartoffeln

manchmal auch Obst (z.B. vorwiegend in Norddeutschland)

Bei einem einfachen Menü mit den gleichen Rohstoffen erfolgt hier eine Trennung in drei Gänge:

Brühe wird zur Suppe

Fleisch wird zum Hauptgang

Gemüse und Kartoffeln werden zu den getrennt angerichteten Beilagen, die in Verbindung mit dem Hauptgang gereicht werden

Nachtisch, z.B. Obst zum Abrunden der Mahlzeit

Speisen- und Menükarten **161**

Beispiele für einfache Menüs

Unter einem einfachen Menü wird die Aufteilung in Suppe, Hauptgang und Nachspeise verstanden (siehe auch Gedeckarten). Hierbei gibt es verschiedene Möglichkeiten, die angebotenen Speisen zu variieren.

Beispiel:

Suppe	Hauptgang	Nachspeise
Brühe	Fleisch (z.B. Rind,	Eis
Kraftbrühe	Kalb, Schwein)	Obstsalat
Essenz	Wild	Krem
Gebundene Suppen	Geflügel	Käse
Exotische Suppen	Fisch	Torten
usw.		usw.

Klassisches Menü

Die heutigen Speisenfolgen lassen sich aus der klassischen Speisenfolge ableiten. Die klassische Speisenfolge bestand aus ca. 12 bis 14 Gängen und hatte ihren Ursprung an den Königs- und Fürstenhöfen des ausgehenden Mittelalters.

Zuvor wurden alle Speisen komplett aufgetischt. Später richteten die Küchenmeister an den Höfen ihre Speisen nacheinander an und ließen sie auftragen. Es wurden lange Tafeln aufgestellt und Lakaien boten die Speisen an.

Später kündeten Zeremonienmeister die einzelnen Gerichte an. Als Vorgänger der Speisenkarte kam der Küchenzettel auf, auf dem die Gerichte aufgezeichnet waren. Der Küchenzettel zeigte bereits den Aufbau des klassischen Menüs.

Aufbau der klassischen Speisenfolge

Deutsch	Französisch
1 Kalte Vorspeise	Hors d'œuvre froid
2 Suppe	Potage
3 Warme Vorspeise	Hors d'œuvre chaud
4 Fisch	Poisson
5 Großer Fleischgang	Relevé, grosse pièce
6 Warmes Zwischengericht	Entrée chaude
7 Kaltes Zwischengericht	Entrée froide
8 Sorbet	Sorbet, boisson glacée
9 Braten	Rôti
10 Gemüsegericht	Légumes
11 Warme Süßspeise	Entremets de douceur chaud
12 Kalte Süßspeise	Entremets de douceur froid
13 Würzbissen/Käse	Savoury/Fromage
14 Nachtisch	Dessert

Erklärungen zur klassischen Speisenfolge

Begriff	Erklärung
Vorspeise Hors d'œuvre	Ursprünglich begann die eigentliche Speisenfolge – die Speise – mit einer Suppe. Diese hatte die Aufgabe, Zunge und Gaumen zu „kitzeln". Vor der Speise (vor dem Essen) wurde manchmal als Appetitanreger eine kleine, kalte *Vor-Speise* gereicht, z.B. Kaviar oder Austern. Später wurde diese „Vor-Speise" nicht nur als Appetitanreger gesehen, sondern in die Speisenfolge eingefügt. Sie war nicht schwer oder umfangreich. Œuvre (franz.) heißt Werk, d.h. eine gelungene Speisenfolge wurde – und wird ja noch heute – als Kunst-„Werk" angesehen. Hors (franz.) heißt außer, außerhalb. Somit bedeutet Hors d'œuvre außerhalb des Werkes, nämlich des „Kunstwerkes" der Speisenfolge, die mit der Suppe begonnen hatte.
Entrée	Entrée (franz.) heißt Eingang. Es fragt sich, was ein „Eingang" in der Mitte einer so langen Speisenfolge soll. Bei Betrachtung der Speisenfolge kann man sich wohl vorstellen, daß nach fünf Gängen (große Gänge) der erste Hunger gestillt sein dürfte. Hier wurde in der Tat auch eine Pause, ein Schnitt in der Folge gemacht. Zur Entspannung gab es einige Darbietungen durch Troubadoure, Tänzerinnen, Musiker usw., d.h. man ließ sich Zeit, um das bisherige Essen etwas „setzen" zu lassen. Erst dann aß man weiter, und es bedurfte eines neuen Anfangs, einer Entrée (in die zweite Runde).
Entremets	Dies waren leichte Speisen, die zwischen den „großen" Speisen gereicht wurden. Der Begriff wird abgeleitet aus entre les mets (franz.) = zwischen den Speisen.
Entremets de douceur	Sie bedeuten kleine, süße Zwischengerichte zwischen Fleisch und Käse. Sie werden abgeleitet von doux, douce (franz.) = zart, süß.
Nachtisch Dessert	Das eigentliche Essen (der „Tisch") endete mit den Würzbissen, die vorwiegend aus Käse bestanden. Aus dieser Zeit stammt auch das Sprichwort: „Käse schließt den Magen". Nach diesem Essen wurde zur Erfrischung Obst oder Obstgerichte gereicht, die als „Nach-Tisch" bezeichnet wurden. Der französische Begriff „dessert" kann als Ausklang des „Werkes" verstanden werden (desservir = abtragen).

Moderne Speisenfolge

Das moderne Menü läßt sich aus der klassischen Speisenfolge ableiten.

Vergleich klassische und moderne Speisenfolge:

Klassische Speisenfolge	Moderne Speisenfolge	Zuordnung der Gänge der klassischen Speisenfolge in die moderne Speisenfolge
Kalte Vorspeise	Kalte Vorspeise	
Suppe	Suppe	
Warme Vorspeise	Warme Vorspeise (Zwischengericht)	Diese ersten fünf Gänge wurden direkt übernommen.
Fisch	Fisch	
Fleisch	Fleisch (Hauptgang)	
Warmes Zwischengericht	Entfällt als eigener Gang	Warme Zwischengerichte, in der Regel kleine Gerichte wie z.B. Ragout fin, gehören heute zu den warmen Vorspeisen. Die warmen Vorspeisen stehen an dritter Stelle innerhalb der Speisenfolge, es sind also nicht „Vor-Speisen" im engeren Sinne. Deshalb werden sie heute auch treffender mit Zwischengericht bezeichnet.
Kaltes Zwischengericht	Entfällt als eigener Gang	Kaviar, Austern usw. werden bei den kalten Vorspeisen eingeordnet. Sorbets können an verschiedenen Stellen eingesetzt werden: – zur Erfrischung vor dem Hauptgang – als Nachspeise
Braten	Entfällt als eigener Gang	Der Braten zählt als Hauptgang.
Gemüse	Entfällt als eigener Gang	Gemüse werden als Beilagen zum Hauptgang gereicht.
Warme Süßspeise Kalte Süßspeise Käse/Würzbissen Nachspeise	Käse Nachspeise	Eine Trennung zwischen Süßspeise und Nachspeise wird nicht mehr vorgenommen, das bedeutet, daß der Käse vor der Süßspeise gereicht wird. Dies ist aus geschmacklichen Gründen verständlich: – Süße, insbesondere gefrorene Speisen, stumpfen die Geschmacksnerven an Zunge und Gaumen ab. – Der Geschmack des Käses wird ausgeglichen und die Mundhöhle erfrischt.

Auch die vorher beschriebene Speisenfolge des modernen Menüs mit sieben Gängen ist noch sehr umfangreich und entspricht nicht den heutigen Ernährungsgewohnheiten. Daher ist das moderne erweiterte Menü in den meisten Fällen auf 5 bis 6 Gänge beschränkt, wobei die Zusammenfassung wie nachstehend erfolgen kann.

Als Hauptgang wird entweder Fisch oder Fleisch gereicht.

Als Zwischengericht wird entweder Fisch oder eine warme Vorspeise gereicht.

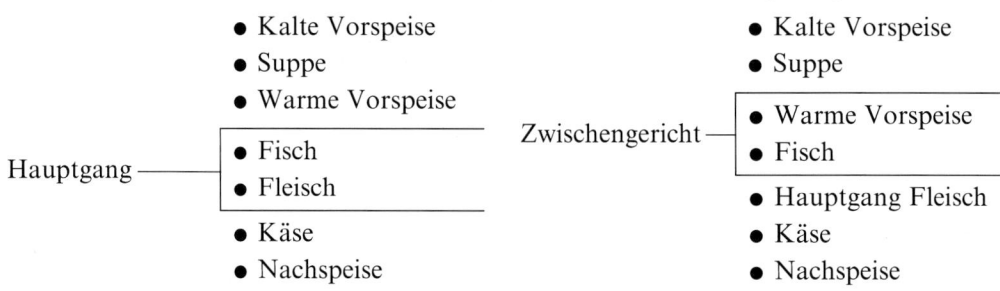

Merke:
Bei weiteren Kürzungen werden einzelne Gänge weggelassen.

Regeln für das Erstellen von Speisenfolgen

1. Auf eine geschmackvolle graphische Gestaltung der Menükarte achten.
   Folgende Gestaltungsmethoden sind beim Schreiben einer Menükarte möglich:

a) ohne Getränke

Symmetrisch zur Mittelachse der Karte

Vom vorderen Rand der Karte aus bündig (linksbündig)

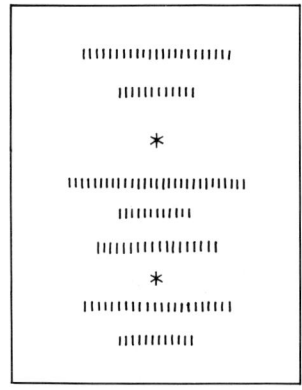
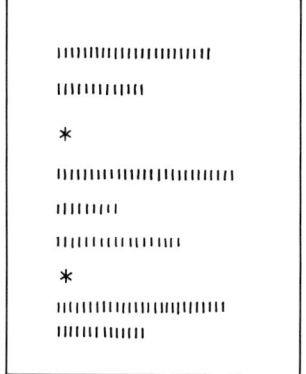

b) mit Getränken

Die Getränke müssen den korrespondierenden Speisen zugeordnet werden.

Die Zuordnung der Speisen und Getränke untereinander wirkt unübersichtlich. Es ist daher vorteilhafter, die Karte so aufzuteilen, daß Speisen und Getränke nebeneinander stehen.

Speisen- und Menükarten

Beispiel:
Speisen und Getränke
untereinander

Beispiel:
Speisen und Getränke
nebeneinander

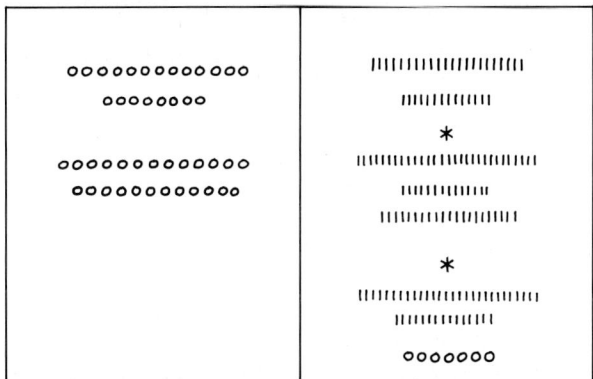

Bei der Anordnung der Speisen und Getränke nebeneinander ist darauf zu achten, daß die Speisen auf der rechten Seite der Karte, die Getränke auf der linken Seite der Karte angeordnet werden.

Eine Ausnahme kann der Mokka bilden, der unter die Speisen gesetzt wird.

Auf der Menükarte sollten auch folgende Angaben nicht fehlen:
Anlaß, Datum, Ort

2. Gangfolge einhalten.

Durch die Ableitung der modernen Speisenfolge aus der klassischen Folge wurde die Reihenfolge der Gänge festgelegt.

falsch	richtig
Schwalbennestersuppe	Räucherlachs
*	*
Räucherlachs	Schwalbennestersuppe
*	*
Filetsteak	Filetsteak
*	*
Obstsalat	Käseplatte
*	*
Käseplatte	Obstsalat

Beinhaltet ein Gang mehrere Beilagen, so werden die Rohstoffe in folgender Reihenfolge angegeben:

Hauptrohstoff mit Garniturbezeichnung
Soße
Gemüse
Pilze
Kartoffeln bzw. Teigwaren, Reis usw.
Salate
Kalte Beilagen

Beispiele:

*	*
Rehrücken Baden-Baden	Châteaubriand
Rahmsoße	Bearner Soße
Rosenkohl	Gemüse der Saison
Pfifferlinge	Kartoffelkroketten
Spätzle	Salatteller
Birne mit Preiselbeeren	*
*	

3. Hauptgang festlegen
   Zuerst wird der Hauptgang festgelegt, der den Höhepunkt des Essens darstellt. Dabei sind der Anlaß, die Jahreszeit und die Personenzahl zu berücksichtigen.
   Danach erfolgt die Zuordnung der anderen Gänge. Dadurch fällt es leichter, eine harmonische Ergänzung zu finden.

4. Wiederholungen vermeiden

   Dies bedeutet:

   Abwechslung in der Zubereitungsart

   z.B. nicht verschiedene überbackene Gerichte:
   — Zwiebelsuppe überbacken
   — Kalbsteak au four

   Abwechslung im Rohstoff

   z.B. nicht verschiedene Eierzubereitungen:
   — Russische Eier auf Gemüsesalat
   — Kraftbrühe mit Eierstich
   — Omelett mit Champignons

   Merke:
   Zulässige Ausnahmen bei der Wiederholung der Rohstoffe sind die Kartoffeln. Hier ist durch die Vielzahl der möglichen Garungsarten eine gewisse Abwechslungsmöglichkeit gegeben, wie z.B.

kochen:	*Salzkartoffeln*
dämpfen:	*Dampfkartoffeln*
dünsten:	*Kartoffeln in der Alufolie*
braten:	*Bratkartoffeln*
ausbacken:	*Kartoffelkroketten*

   Abwechslung in der Farbe

   z.B. nicht nur helle Farben:
   — Seezungenröllchen in Weißweinsoße
   — Kalbsblanketten mit Blumenkohl

Wenn innerhalb der Speisenfolge zweimal Fleisch hintereinander gereicht wird, so nicht zweimal hell, z.B. Geflügel — Kalb oder zweimal dunkel, z.B. Rind — Wild, sondern Abwechslung in der Farbe.

Merke:
Erst das helle, dann das dunkle Fleisch!

5. Harmonie einhalten

Die häufigsten Fehler im harmonischen Aufbau betreffen:

die fachliche Zusammenstellung

die Beilagen

die Gangfolge

Beispiel für falsche Zusammenstellung:

falsch	richtig	Begründung
Doppelte Kraftbrühe mit Einlagen	Kraftbrühe mit Einlagen oder Doppelte Kraftbrühe	Einlagen werden nur bei Brühen und Kraftbrühen gegeben. Wird eine doppelte Kraftbrühe (d.h. die doppelte Menge Klärfleisch) hergestellt, so wird auf den Eigengeschmack der gehaltvollen Kraftbrühe Wert gelegt. Eine Einlage wäre fehl am Platz, da sie den Geschmack der doppelten Kraftbrühe beeinträchtigen würde.

Beispiel für unharmonische Beilagen:

falsch	richtig	Begründung
* Forelle blau Bearner Soße pommes frites Gurkensalat *	* Forelle blau zerlassene Butter Salzkartoffeln Kopfsalat *	Die Disharmonie bezieht sich auf die Verdaulichkeit der Speisen, d.h. es werden leichte und schwere Speisen durcheinander angeboten.

Beispiel für Fehler in der Harmonie der aufeinanderfolgenden Gänge:

falsch	richtig	Begründung
Getrüffelte Gänseleberpastete * Überbackene Zwiebelsuppe * Hechtklößchen * Schweinshaxe * Überraschungsomelett	Getrüffelte Gänseleberpastete * Klare Ochsenschwanzsuppe * Hechtklößchen * Rehmedaillons * Überraschungsomelett	Die Disharmonie bezieht sich auf die Art der Speisen, d.h. es werden deftige und „feine" Speisen durcheinander angeboten.

6. Anlaß und Gästekreis beachten

   Je nach Anlaß, z.B. Familienfeiern, Arbeitsessen, Jagdessen, sind unterschiedliche Kriterien zum Erstellen einer Speisenfolge zu berücksichtigen.

   Beispiel:

   Familienfeiern:
   Keine ausgefallenen Speisen wählen, sondern solche, die von allen Altersstufen gegessen werden, z.B. Kraftbrühe, Braten, Gemüse usw.
   Ältere Gäste werden kleinere Portionen und leichteres Essen bevorzugen.

   Arbeitsessen:
   Nicht zu schwere Speisen wählen, um die Mägen der Gäste nicht zu belasten, z.B. Forellenfilets, Steaks, Salate usw.

   Jagdessen:
   Bei Jägeressen (Angleressen) gilt nicht die Regel, daß Wiederholungen zu vermeiden sind.
   Die Speisenfolge wird vorwiegend aus Wild (Fisch) bestehen, z.B. Hasenterrine, Fasanenessenz, Rehrücken usw.

7. Sättigungswert der Speisen berücksichtigen

   Der Grad, in dem die Speisen Sättigungsgefühl hervorrufen, wird Sättigungswert genannt, der abhängig ist von der Zusammensetzung der Speisen. Fette und Eiweißstoffe verbleiben lange im Magen und haben daher einen besonders hohen Sättigungswert.

   Der Sättigungswert der angebotenen Speisen ist sowohl für das Menü als ganzes als auch für die einzelnen Gänge zu beachten. Man muß die einzelnen Gänge oder Gerichte derart ordnen, daß sie zu einer natürlichen Sättigung führen.

   Das bedeutet:
   Der Gast soll langsam satt werden, d.h. mit jedem Gang etwas näher zum „Höhepunkt" seines Sättigungsgrades geführt werden.
   Forderung des Gastes ist ein höchstmöglicher Genuß.

8. Jahreszeit berücksichtigen

   Da der Gast frische Rohstoffe zu jeder Jahreszeit wünscht, müssen die verschiedenen Erntezeiten bzw. Saisons berücksichtigt werden, z.B. für Gemüse, Obst, Wild.

   Außerdem sind je nach Jahreszeit bestimmte Gerichte traditionsgemäß beliebt, wie z.B.:

Ostern:	Lamm in jeder Variation
Pfingsten:	Spargel
Weihnachten:	Gans, Truthahn
Silvester:	Karpfen

9. Klare Ausdrucksweise verwenden.

   Die Ausdrucksweise in Menükarten sollte klar und verständlich sein. Oft beinhalten Menükarten nur allgemeine Angaben, die dem Gast keine zufriedenstellende Auskunft geben.

Beispiel:

Kraftbrühe mit Einlage
*
Schnitzel mit Gemüse und Kartoffeln
Salat
*
Eis

falsch	richtig
Kraftbrühe mit Einlage	Einlage konkret benennen, also: … mit Eierstich; … mit Fadennudeln usw.
Schnitzel	Schlachttier genau benennen: Schweineschnitzel, Kalbsschnitzel usw.
Gemüse	Genaue Bezeichnung wählen: Erbsen, Bohnen usw.
Kartoffeln	Zubereitungsart nennen: Salzkartoffeln, Schwenkkartoffeln usw.
Salat	Angeben, welcher Salat gemeint ist: Kopfsalat, Endiviensalat usw.
Eis	Angeben, welches Eis angeboten wird: Vanille-, Schokoladeneis usw.

Somit könnte das Menü auch klarer lauten:

Kraftbrühe mit Eierstich
*
Kalbsschnitzel mit Erbsen und Möhren
Petersilienkartoffeln
Kopfsalat
*
Schokoladeneis mit Schlagsahne

10. Einheitliche Sprache einhalten

Außer übernommenen, feststehenden Begriffen sollte jegliches Sprachengemisch vermieden werden.

Beispiel:

falsch	richtig
Paté maison	Hausgemachte Leberpastete
*	*
Doppelte consommé	Doppelte Rinderkraftbrühe
*	*
Rehmedaillons „chasseur" Mandelcroquettes	Rehmedaillons nach Jägerart Mandelkroketten
*	*
Pêche Melba	Pfirsich Melba
Vorspeisen variés Klare Oxtail Hirschsteak pommes croquettes Forelle auf Müllerinart pommes parisiennes Erbsen à la francaise Erdbeerparfait	Gemischte Vorspeisen Klare Ochsenschwanzsuppe Hirschsteak Kartoffelkroketten Forelle auf Müllerinart Pariser Kartoffeln/Kartoffelkugeln Erbsen auf französische Art Erdbeerhalbgefrorenes

Das Vermeiden von Sprachengemisch bedeutet jedoch nicht, daß unbedingt jeder Ausdruck eingedeutscht werden muß. Feststehende Begriffe, bei denen es unsinnig wäre, hier mit aller Gewalt übersetzen zu wollen, sind z.B.:

pommes frites (in tiefem, heißem Fett schwimmend ausgebackene Kartoffelstäbchen)
Cocktail   (Hahnenschwanz)
Toast   (Röstbrot)

11. Abkürzungen und Wortverstümmelungen vermeiden

Die Abkürzungen nehmen oft Ausmaße an, daß es für den Gast eine Zumutung ist, z.B.:

falsch	richtig
Kraftbrühe m. Einl.	Kraftbrühe mit Gemüsestreifen
*	*
Forelle blau m. zerl. Butter	Forelle blau mit zerlassener Butter
*	*
Kalbsteak m. fr. St.-spargel Sc. Hollandaise Peters.-Kart.	Kalbsteak mit frischem Stangenspargel Holländische Soße Petersilienkartoffeln
*	*
Fr. Obstsalat	Frischer Obstsalat

Viele Angaben werden nur halb gemacht und könnten somit mißverstanden werden, z.B.:

falsch	richtig
Spargelkrem	Spargelkremsuppe
Ochsenlende in Burgunder	… in Burgunder Soße
Obstsalat mit Kirsch	… mit Kirschwasser

1.12 Weine und ihr Service

Zu Speisen gehören passende Getränke. Dabei kommt den Weinen besondere Bedeutung zu.

1.12.1 Welcher Wein zu welchen Speisen

Grundregeln

Folgende Regeln erleichtern die Auswahl der zum Essen geeigneten Weine:

Auf Übereinstimmung der Konsistenz der Speisen und des Gehalts der Weine achten, d.h.:
zu leichten Speisen   — leichte Weine
zu schweren Speisen — schwere Weine

Auf Übereinstimmung der Farbe von Fleisch und Wein achten, d.h.:
zu hellen Speisen   — helle Weine
(weißes Fleisch)   (weißer Wein)
zu dunklen Speisen   — dunkle Weine
(rotes Fleisch)   (roter Wein)

Aus der Kombination der beiden Regeln ergibt sich:

Auf die Folge der Weine achten, d.h.:
leichte Weine vor schweren Weinen
weiße Weine vor roten Weinen

Merke:
Auf einen schweren Wein darf kein leichter Wein folgen, da er nicht mehr zur Geltung käme!

Auf Rotwein darf kein Weißwein folgen!
Ausnahme: Champagner und Sekt
*   Schwere und gehaltvolle Weißweine, wie z.B.*
*   Beeren- und Trockenbeerenauslesen*

Weine und ihr Service

Beispiele für korrespondierende Weine

Speisen	Korrespondierende Weine Allgemeine Aussage	Beispiel
Leichte Vorspeisen Artischockenböden, Geflügelsalat, Bündner- fleisch, Forellenfilets usw.	Frische, leichte und relativ neutrale Weißweine	vorwiegend Riesling aus Mosel, Saar, Elsaß Sylvaner aus dem Elsaß trockener Sekt
Schwere Vorspeisen Schnecken, Pasteten, Gänseleber, Aal, Quiche Lorraine usw.	Schwere, volle Weißweine Roséweine	Ruländer, Gewürztraminer, weißer Burgunder aus Baden, Pfalz, Rheingau Riesling, Traminer aus dem Elsaß weißer Bordeaux (Graves) Weißherbst (Kaiserstuhl) Französische Rosé (Tavel, Anjou, Provence)
Krusten- und Schalentiere Krabben, Muscheln, Austern, Meeresfrüchte, Hummer, Languste usw.	Trockene deutsche Weißweine Trockene französische Weißweine	Trockene Rieslinge von Saar, Ruwer; trockene Rheinrieslinge Elbling von Saar und Mosel Elsässer Riesling und Sylvaner Schwere Burgunder wie Chablis, Meursault Trockene Bordeaux wie Entre deux mers Trockene Loireweine wie Sancerre, Muscadet, weißer Chinon

Suppen
Klare und gebundene Suppen,
Ochsenschwanzsuppe,
exotische Suppen wie
z.B. Schwalbennestersuppe
	In der Regel keinen Wein!
	– Flüssigkeit genug
	– die meisten Suppen
	  sind bereits mit Wein
	  abgeschmeckt
		Der Wein der Vorspeise wird
		meist auch während der Suppe
		getrunken
		Eventuell trockener Sherry

Fisch Pochierter Fisch: Forelle, Hecht, Seezungen- röllchen, Felchen usw.	In der Regel Weißwein! Leichte, trockene Weißweine	Riesling aus Saar, Mosel, Rheingau Riesling, Sylvaner aus dem Elsaß
Gebratener oder ausgebackener Fisch: Forelle, Seezunge, Scholle, Aal, Steinbutt usw.	Schwere, gehaltvolle Weißweine Roséweine	Müller-Thurgau, Ruländer, Traminer aus Baden, Rhein, Pfalz, Elsaß Französische Weine aus Burgund (Meursault) und Bordeaux (Graves) Weißherbst vom Kaiserstuhl Französische Rosé aus Arbois, Savoie

Speisen	Korrespondierende Weine Allgemeine Aussage	Beispiel
Geflügel	Je nach Art des Geflügels Weiß-, Rosé- oder Rotweine.	
Pochiertes Geflügel: Hühnerbrüstchen, Hühnerfrikassee usw.	Volle Weißweine	Müller-Thurgau, Kerner, Traminer aus Pfalz, Rheingau, Elsaß
Gebratenes Geflügel: Hähnchen, Taube, Poularde, Perlhuhn usw.	Volle, trockene Weißweine	Ruländer, Gewürztraminer aus Baden, Elsaß
	Trockene Roséweine	Weißherbst Rosé aus Arbois, Jura
	Leichte deutsche Rotweine	Trollinger, Schwarzriesling
	Leichte französische Rotweine	Beaujolais, Mâcon, Medoc
Wildgeflügel: Fasan, Rebhuhn, Wildente usw.	Volle, trockene Roséweine	Jura, Arbois
	Elegante Rotweine,	Ahr, Kaiserstuhl Bordeaux
	aber auch schwere, volle Weißweine	Ruländer, Gewürztraminer aus Baden, Elsaß
Fettes Geflügel: Ente, Gans usw.	Schwere und volle Weine	Sowohl Weiß- als auch Rotweine
Grillgerichte Weißes Fleisch: Schwein, Kalb, Geflügel	Gehaltvolle Weißweine	aus Pfalz, Rheingau, Elsaß
Rotes Fleisch: Rind, Lamm, Hammel usw.	Mundige, deutsche Rotweine Französische Rotweine	Ahr, Kaiserstuhl Mâcon, Côtes du Rhône
Braten Helle Braten (weißes Fleisch)	Körperreiche, vollblumige Weißweine	Traminer, Ruländer, Gewürztraminer aus Pfalz, Rheingau, Baden, Elsaß
Dunkle Braten (rotes Fleisch)	Schwere deutsche Rotweine	Ahr, Württemberg, Baden
Rind und Lamm Steaks, Filets, Rouladen, Châteaubriand, Pfeffersteak, Hammelkeule, Lammschulter usw.	Schwere, volle Rotweine deutsche Rotweine französische Rotweine,	Spätburgunder aus Baden, Württemberg Burgund, Bordeaux, Côtes du Rhône
	aber auch volle Rosé und Weißherbst oder	
	schwere, kräftige Weißweine	Ruländer, Gewürztraminer

Weine und ihr Service **175**

Speisen	Korrespondierende Weine Allgemeine Aussage	Beispiel
Wild Reh, Hirsch, Wildschwein usw.	Schwerste Rotweine deutsche Rotweine französische Rotweine	Ahr, Kaiserstuhl Burgund (Pommard) Côtes du Rhône (Châteauneuf du Pape)
Käse	In der Regel Rotwein, jedoch paßt nicht jeder Käse zu jedem Wein. *Merke:* *Der Käse soll sich immer nach* *dem gewählten Wein richten!* *Wird der Wein des Hauptgangs nicht* *beibehalten, erfolgt eine Steigerung* *in der Schwere des Weines (s.S. 172* *Grundregeln).* *Je schwerer der Wein,* *desto kräftiger und würziger der Käse.*	
Frisch- oder Schmelzkäse	leichte, liebliche Weißweine Leichte Roséweine	Müller-Thurgau aus Pfalz, Weißburgunder aus Baden Weißherbst, Provence
Ziegenkäse	Trockene Weißweine volle Roséweine fruchtige Rotweine	Sylvaner aus Elsaß Kaiserstühler Weißherbst Rosé de Provence Trollinger, Spätburgunder aus Baden, Württemberg Roussillon, Mâcon
Camembert, Brie	deutsche Rotweine französische Rotweine	Trollinger, Schwarzriesling Beaujolais, Mâcon, Bordeaux
Münster, Bleu, Roquefort	kräftige, harmonische Rotweine aber auch: kräftige Weißweine	Spätburgunder aus Württemberg Burgund und Bordeaux Gewürztraminer aus Elsaß
Nachspeisen Crêpes, Torten, Überraschungsomelett usw.	Je nach Süßspeise empfiehlt sich ein süßer, gehaltvoller Weißwein oder ein herber Sekt zum Geschmacksausgleich	Schwere und gehaltvolle Auslesen Beeren- und Trockenbeeren- auslesen Sauternes (weißer, süßer Bordeaux) Champagner, Sekt

1.12.2 Weinservice

Serviertemperaturen von Wein

Weißweine und Roséweine werden gekühlt serviert (Durchschnittstemperatur 10° C).

Rotweine werden mit „Zimmertemperatur" serviert.

Hierbei ist zu beachten, daß der Begriff „Zimmertemperatur" auf eine alte Klosterregel zurückgeht, und zwar in eine Zeit, in der es noch keine Heizung gab! Die Zimmertemperaturen lagen damals bei 12° bis 18° C.

Ferner gilt:
Je süßer der Wein – desto kühler wird er serviert.
Je jünger der Wein – desto kühler wird er serviert.

Diese allgemeinen Regeln reichen jedoch für ein fachgerechtes Weinservice nicht aus. Die richtigen Serviertemperaturen für Wein reichen, je nach Art des Weines, von 6° bis 18° C.

Weine	Temperatur
Champagner, Sekt Likörweine, süße Weißweine	um 6° bis 8° C
Trockene und halbtrockene Weißweine Roséweine, Weißherbst	um 10° C
Gehaltvolle und ältere Weißweine Leichte und junge Rotweine, z.B. Beaujolais primeur	um 12° C
Leichte Rotweine – Deutsche Rotweine, z.B. Trollinger, Schwarzriesling – Französische Rotweine, z.B. Beaujolais, Loireweine	um 14° bis 16° C
Schwere Rotweine – Deutsche Rotweine, z.B. Spätburgunder, Lemberger – Französische Rotweine, z.B. Côte du Rhône, Burgund	um 16° bis 18° C
Elegante Rotweine, z.B. Spitzengewächse aus Bordeaux	um 18° C

Qualitätsprüfung von Wein (Weinprobe)

Ein Bestandteil des Weinservice ist die Qualitätsprüfung, die der Gast, die Servicekraft oder der Chef des Hauses vornimmt.

Zur genauen Beurteilung des Weines gehört die richtige Weintemperatur. Ob der Wein zu kalt oder zu warm ist, läßt sich oft schon beim Berühren des Glases feststellen.

Die eigentliche Qualitätsprüfung geschieht durch: Sehen, Riechen und Schmecken.

Sehen

Um Farbe und Klarheit des Weines zu prüfen, wird der Wein gegen das Licht gehalten.

Das Gebot der Klarheit verlangt, daß die Farbe klar und leuchtend ist. Der Wein darf auf keinen Fall trüb sein.

Je nach Art des Weines lassen sich verschiedene Farbnuancen feststellen:

Weißwein: grünlich-weiß/hell, hell- bis dunkelgelb, goldfarben

Roséwein: Rosé-Farben von sehr hell bis sehr dunkel
(manchmal sind Roséweine so dunkel, daß sie mit Rotweinen verwechselt werden können)

Rotwein: hell- bis dunkelrot, lilafarben, braun

Merke:
Die Farbe gibt schon eine Auskunft über den Wein.
Helle Farben: junge und leichte Weine.
Dunkle Farben: gehaltvolle und ältere Weine.

Weinstein und Depot werden fälschlicherweise als Weinfehler angesehen.

Weinstein ist eine Ablagerung meist farbloser Kristalle; er wird durch stärkere Temperaturschwankungen sowie durch hohen Fruchtsäuregehalt hervorgerufen. Er hat keinen Einfluß auf die Qualität des Weines.

Depot ist eine braun-rote Ablagerung älterer Rotweine, es hat keinen Einfluß auf den Geschmack des Weines.

Riechen

Mit der Nase erfolgt die Geruchsprobe. Um die Duft- und Aromastoffe des Weines, Blume oder Bukett genannt, besser lösen zu können, wird das Glas leicht geschwenkt. Ferner wird festgestellt, ob der Wein den arttypischen Geruch der Traubensorte und keine Fehler, z.B. Korkgeruch, hat.

Schmecken

Die Geschmacksprobe erfolgt folgendermaßen:

Bei der Probe wird der Wein geschlürft. Dadurch erfolgt eine Anreicherung mit Sauerstoff, der die Geschmacksstoffe des Weines besser zur Geltung kommen läßt.

Durch das Schlürfen wird auch leichter Korkgeschmack und Edelfirnis erkannt.

Mit der Zunge wird geprüft, ob der Wein lieblich oder herb ist.

Der Wein wird „gekaut", d.h. er wird mit Hilfe der Zunge gegen den Gaumen gepreßt. Hierdurch wird der Körper des Weines festgestellt.

Im hinteren Bereich der Mundhöhle wird bestimmt, ob der Wein leicht oder schwer ist.

Nach dem Probieren, d.h. wenn der Wein heruntergeschluckt wurde, wird der Nachgeschmack festgestellt. Hierbei spricht man vom Schwanz und vom Abgang des Weines.

Viel Nachgeschmack: viel oder schöner Schwanz,
viel oder schöner Abgang

Wenig Nachgeschmack: wenig oder kaum Schwanz,
flüchtiger oder leichter Abgang

Kein Nachgeschmack: kein Schwanz, kein Abgang, tot

Weinsprache

Zur Beurteilung des Weines gibt es zahlreiche Begriffe:

Blume und Bukett: duftig, blumig, fruchtig, hübsch, lebendig, würzig, pikant, bukettreich

Körper und Gehalt: leicht, schwer, voll, dick, füllig, saftig, körperreich, erdig, ölig, wuchtig

Art und Rasse: artig, rassig, edel, feurig, lieblich, süffig, elegant, glatt, kräftig, kernig

Süße und Säure: mild, zart, frisch, herb, spritzig, fruchtige Säure, elegante Süße, süß, säuerlich

Harmonie: ausgeglichen, harmonisch, rund, trocken, kurz

Alter: jung, reif, vollreif, alt, schal, leer, tot

Weißweinservice

Lagerung des Weißweines

Das Service des Weißweines beginnt schon bei der fachgerechten Lagerung. Dafür gelten folgende Regeln:

Der Wein sollte in einem dunklen und gleichbleibend kühlen Raum lagern. Am besten eignen sich Kellergewölbe.

Die optimale Luftfeuchtigkeit liegt zwischen 60 und 70%.

Die optimale Lagertemperatur liegt bei 10° C.

Die Flaschen müssen liegend lagern. Nur so wird der Korken feucht gehalten und bleibt dicht. Ein Umschlagen des Weines wird so verhindert.

Kühlen und Frappieren

Wird der Wein fachgerecht gelagert, kommt die Einzelflasche richtig temperiert an den Tisch des Gastes. Je nach Personenzahl, für die eine Flasche Wein serviert wird, ist es erforderlich, die nur zum Teil ausgeschenkte Flasche kühl zu halten. Hierzu wird ein Weinkühler halbvoll mit kaltem Wasser und Eis gefüllt.

Muß ein Weißwein schnell auf die richtige Temperatur gebracht werden, so kann man ihn frappieren, d.h. schlagartig, also sehr schnell kühlen (frz. frapper = schlagen; schlagartiges Kühlen).

Weine und ihr Service

Arbeitsschritte:

Flasche in einen mit Wasser und Eis gefüllten Weinkühler stellen.

Mit beiden Händen die Flasche kurz und schlagartig im Kühler drehen.

Die Temperatur sinkt dabei sehr schnell.

Merke:
Diese Kühlungsart ist nicht zu empfehlen: der Wein wird unruhig, krasse Temperaturschwankungen schaden dem Wein, insbesondere wenn die Temperatur im Kühler durch Zugabe von Salz noch weiter herabgesetzt wird (siehe auch: Frappieren von Sekt.)

Servieren des Weißweines

Voraussetzung ist, daß die Servicefachkraft weiß, welchen Wein sie serviert, d.h.

sie muß am Büfett kontrollieren, ob es auch der bestellte Wein ist und

sie muß sich das Weinetikett genau ansehen, um später Auskunft über den Wein geben zu können.

Sie muß die Weinflasche behutsam behandeln, d.h. auf keinen Fall schütteln oder schwenken.

Sie muß das entsprechende Weinglas mitservieren.

Zum Service der Weinflasche gehören folgende Arbeiten:

Präsentation
Öffnen der Flasche
Probe
Einschenken

Präsentation des Weines

Der Gast muß Gelegenheit haben, sich davon zu überzeugen, daß er „seinen" bestellten Wein erhält. Daher wird die Flasche vor dem Öffnen dem Gast präsentiert. Das Präsentieren der Flasche ist auf zwei Arten möglich:

Mit beiden Händen

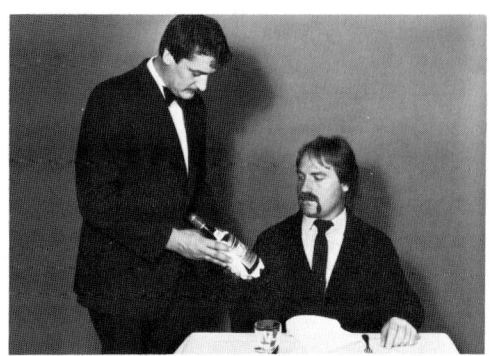

Mit einer Hand

Merke:
Das Etikett muß in beiden Fällen deutlich zu sehen sein!
Erst wenn sich der Gast von der Richtigkeit seiner Bestellung überzeugt hat, wird die Flasche geöffnet.

Öffnen der Flasche

Arbeitsschritte:

Kapsel abschneiden.

Dies kann auf zwei Arten geschehen:

über dem Wulst

unter dem Wulst

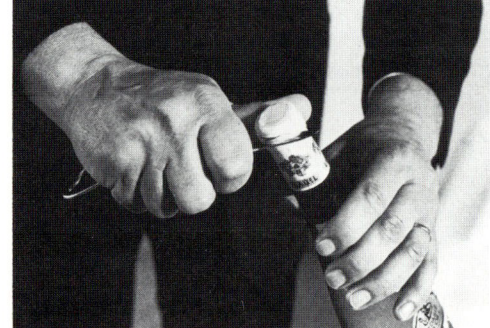

Flaschenmund mit einer Serviette abreiben (v.a. bei Absonderungen der Bleikapseln älterer Flaschen).

Korkenzieher in der Korkmitte ansetzen und vorsichtig eindrehen. Der Korken darf nicht durchbohrt werden, damit keine Korkstückchen in den Wein fallen.

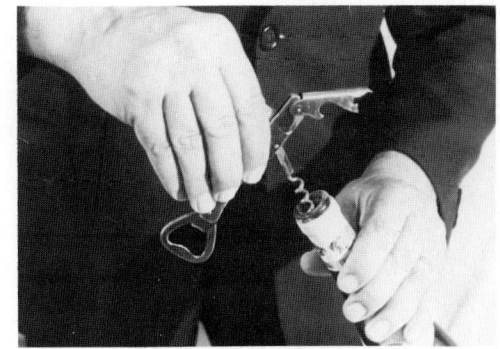

Korken langsam unter Ausnutzung der Hebelwirkung geräuschlos herausheben.

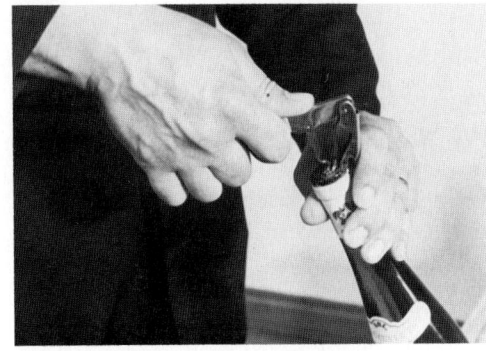

Merke:
Unfallgefahr beachten!
Sorgfältig arbeiten, damit das Kellnermesser nicht vom Wulst abrutscht und in die Hand stößt.

Am Korken riechen, um festzustellen, ob der Wein in Ordnung ist und nicht nach Kork riecht.

Eventuell prüft der Gast auch selbst den Korken.

Flaschenmund nochmals mit der Serviette von Korkresten säubern.

Probe

Der Wein muß zunächst probiert werden. Je nach Rang des Hauses und Güte des Service gibt es verschiedene Möglichkeiten der Probe:

Nur den Gast probieren lassen, indem man ihm einen kleinen Schluck einschenkt und seine Zustimmung abwartet.

Die Servicefachkraft probiert selbst.

In der Regel ist dies in größeren Häusern der Fall, wenn erfahrene Sommeliers das Weinservice überwachen bzw. selbst den Wein servieren. Hier wird sich der Sommelier einen kleinen Schluck einschenken (Glas, Tastevin) und den Wein nach den Regeln der Weinprobe abschmecken.

Der Chef des Hauses probiert.

In manchen Häusern behält es sich der Chef des Hauses vor, bei ausgefallenen Spitzengewächsen selbst zu probieren.

Merke:
Erst wenn der Wein auch vom Gast probiert und für gut befunden wurde, kann er eingeschenkt werden.

Einschenken

Beim Einschenken des Weines sind folgende Regeln zu beachten:

Grundsätzlich von rechts einschenken.

Ausnahme, die Platzverhältnisse lassen es nicht anders zu, z.B.:

der Gast sitzt an der Wand oder

zwei Gäste sind so in ihre Unterhaltung vertieft, daß sie nicht gestört werden sollten.

Flasche fachgerecht in eine Handserviette einschlagen.

Das Etikett darf nicht verdeckt werden.

Flasche nimmt beim Eingießen die Richtung des verlängerten Armes ein. Dabei geht die Einschenkrichtung immer in Richtung Daumen.

Weine und ihr Service

Merke:
Nicht über den Handrücken eingießen!

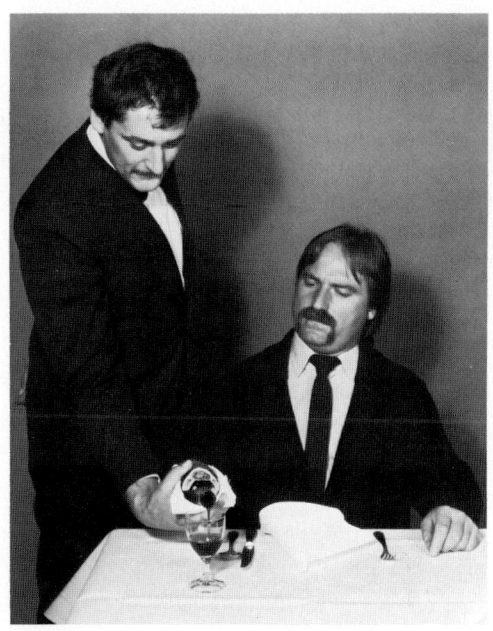

Glas je nach Größe zu $^2/_3$ bis höchstens $^3/_4$ füllen.

Flasche leicht anheben und sie etwa zu einem Viertel ihres Umfangs über dem Glas drehen. Am Flaschenmund hängende Tropfen „verlaufen" sich über den Flaschenhals und können nicht auf den Tisch tropfen.

falsch

Rotweinservice

Lagerung des Rotweines

Das Service des Rotweines beginnt — wie beim Weißwein — schon bei der fachgerechten Lagerung. Da Rotwein empfindlicher ist und meistens länger gelagert wird als Weißwein, müssen hier die Regeln noch genauer beachtet werden.

Grundsätzliche Forderungen für die Lagerung von Rotwein sind:
Der Rotwein soll lichtgeschützt bei gleichbleibender Temperatur lagern.
Die optimale Lagertemperatur liegt bei 12° bis 14° C. Am besten eignen sich separate Rotweinkeller.
Die Flaschen müssen liegend lagern, damit der Korken feucht und dicht bleibt.
Keine anderen Lebensmittel im Rotweinkeller lagern, da der Rotwein sehr empfindlich gegen fremde Gerüche ist.

Chambrieren und Temperieren des Rotweines

Da die Lagertemperatur in der Regel niedriger ist als die Trinktemperatur, muß der Rotwein auf die erforderliche Temperatur gebracht werden. Da Rotwein besonders empfindlich gegen Temperaturschwankungen ist, muß diese Temperatursteigerung langsam und vorsichtig erfolgen. Der Wein muß daher rechtzeitig aus dem Lager in den entsprechenden Raum (Büfett, Restaurant) gebracht werden. Man nennt diesen Vorgang chambrieren.

Im Gegensatz zum langsamen Chambrieren versteht man unter Temperieren ein schnelles Erwämen der Rotweinflasche. Von diesen Verfahren, z.B. die Flasche neben oder auf die Heizung oder in warmes bzw. heißes Wasser (!) stellen, sollte man jedoch Abstand nehmen.

Servieren des Rotweines

Das Service von Rotwein ist auf drei Arten möglich:

Service der Flasche

Service mit einem Weinkorb (Dekantierkorb)

Dekantieren

Grundsätzlich den Rotwein so ruhig wie nur möglich tragen und behandeln, damit ein eventuell vorhandenes Depot den Wein nicht trübt.

Service der Flasche

Wird eine Rotweinflasche ohne Korb dem Gast serviert, so muß sie mit einer Serviettenschlaufe versehen werden.

Die weiteren Arbeitsschritte sind die gleichen wie beim Weißweinservice.

Service mit Dekantierkorb

Gute und ältere Rotweine werden in einem Weinkorb serviert. Es ist darauf zu achten, daß die eventuell vorhandene Staubschicht auf der Flasche nicht abgewischt wird.

Arbeitsschritte:

Flasche dem Gast präsentieren.

Kapsel vorsichtig abschneiden, wobei die Flasche im Korb liegen bleibt.

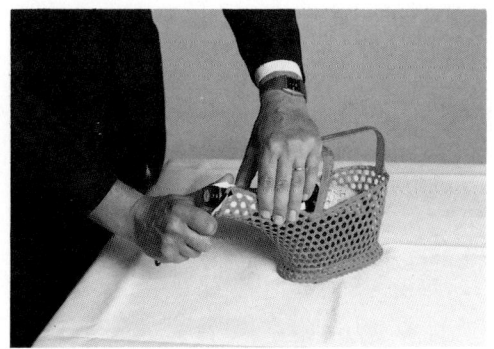

Korkenzieher vorsichtig eindrehen. Dabei die Flasche mit dem Korb festhalten.

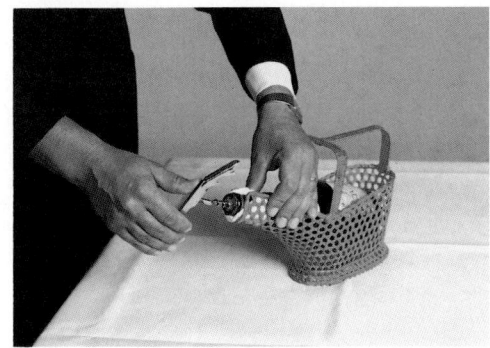

Korken vorsichtig und behutsam herausziehen.

Merke:
Darauf achten, daß die Flasche keinen Erschütterungen ausgesetzt wird!

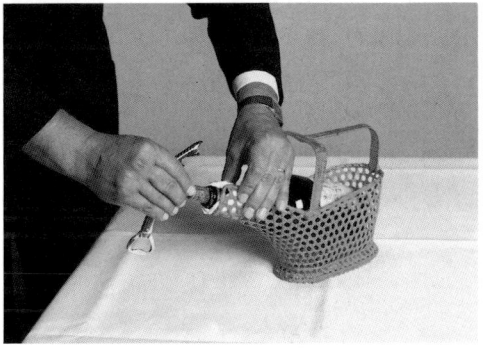

Flaschenmund mit einer Serviette säubern.

Gast am Korken riechen lassen.
Gast probieren lassen.

Beim Einschenken aus dem Dekantierkorb ist es günstiger, die Gläser auszuheben, denn:

1. Der Wein bleibt ruhiger, da kein weiter Einschenkweg zurückgelegt werden muß.
2. Es besteht keine Gefahr, daß der Rotwein auf die Tischdecke oder auf die Kleidung des Gastes tropft.

Den Korb mit der Flasche mit der rechten Hand so fest halten, daß sich die Flasche nicht mehr bewegen kann.

Merke:
Beim Einschenken nicht an einem vorhandenen Henkel halten. Der Henkel ist in der Regel nur Verzierung, d.h. er ist nicht stabil. Die Flasche kann vorrücken und Wein verspritzen.

falsch

Das Glas – von rechts – mit der linken Hand ausheben. Dabei faßt man es am Stiel an. Bei Gläsern mit extrem kurzem Stiel darf man das Glas auch in die nach oben geöffnete Hand nehmen.

Glas in die Höhe der ruhig gehaltenen Flasche heben.

Wein langsam und behutsam in das Glas einschenken, damit jede Erschütterung vermieden wird.

Merke:
Langsames Ausgießen fördert die Sauerstoffaufnahme des Weines und damit die Bukettentfaltung.

Glas je nach Größe zu $^1/_3$ bis $^2/_3$ füllen und wieder behutsam einsetzen.

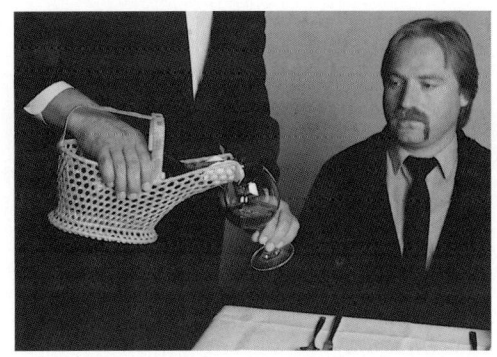

Dekantieren

Unter Dekantieren versteht man das vorsichtige Umgießen des Weines aus der Flasche in eine Dekantierkaraffe.

Das Dekantieren bewirkt, daß:

ältere Rotweine von ihren braun-roten Ablagerungen, dem sogenannten Depot, getrennt werden,

der Wein eine Anreicherung mit Sauerstoff erfährt und somit sein Bukett besser entfalten kann.

Dekantierkaraffen bestehen oft aus Kristallglas, womit auch ein eindrucksvoller, optischer Effekt erzielt wird.

Arbeitsschritte:

Flasche mit der rechten Hand und die Karaffe mit der linken Hand gegen das Licht oder eine Kerze halten, damit ein Depot besser erkennbar ist.

Wein langsam und vorsichtig in die Karaffe einfließen lassen. Das Depot bleibt dann in der Flasche zurück.

Wein aus der Karaffe in das Glas eingießen. Hierbei kann das Glas ausgehoben werden oder auf dem Tisch stehen bleiben.

Merke:
Die Weinflasche sowie die Dekantierkaraffe werden nicht dem Gast eingesetzt, sondern verbleiben auf dem Servicetisch.

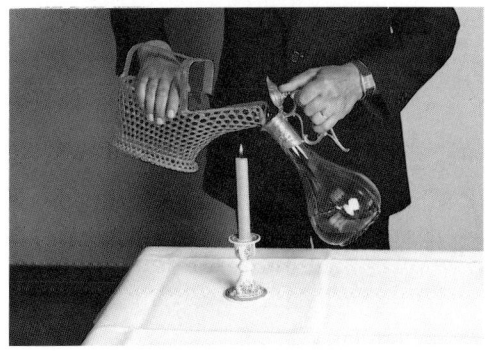

Sektservice

Lagerung des Sektes

Sekt muß, wie der Weißwein, kühl gelagert werden. In zahlreichen Betrieben wird Sekt im Weißweinkeller gelagert, manche Betriebe besitzen jedoch einen separaten Kühlraum, der auf eine Temperatur von 6° bis 8° C eingestellt ist. Ein solcher Raum ist von Vorteil, weil die empfohlene Trinktemperatur für Sekt 6° bis 8° C beträgt.

Kühlen und Frappieren des Sektes

Der Sekt wird grundsätzlich mit Sektkühler serviert. Zum schnellen Senken der Temperatur wird die Sektflasche frappiert.

Arbeitsschritte:

Soviel Eis in den Kühler geben, daß die Flasche fast vollständig mit Eis bedeckt ist.

Merke:
Um ein schnelleres Kühlen zu erreichen, wird noch etwas Kochsalz hinzugegeben.

Flasche schlagartig mit beiden Händen im Kühler drehen. Die Kälte überträgt sich dabei relativ schnell auf den Sekt.

Merke:
Nach dem Frappieren bleibt die Flasche noch geschlossen, damit sich der Sekt beruhigen kann!

Servieren des Sektes

Arbeitsschritte:

Gekühlte Sektflasche aus dem Kühler nehmen und mit der Serviette abreiben, damit kein Wasser abtropft.

Sektflasche dem Gast präsentieren, damit er sich von der Richtigkeit der ausgeführten Bestellung überzeugen kann.

Zum Öffnen die Flasche etwas schräg halten und die Drahtschleife lösen.

Merke:
Damit eine Verletzung des Gastes vermieden wird, darf die Flasche nicht in seine Richtung zeigen.

Drahtkorb auseinanderbiegen, wobei der Daumen zur Sicherung auf den Korken gesetzt wird.

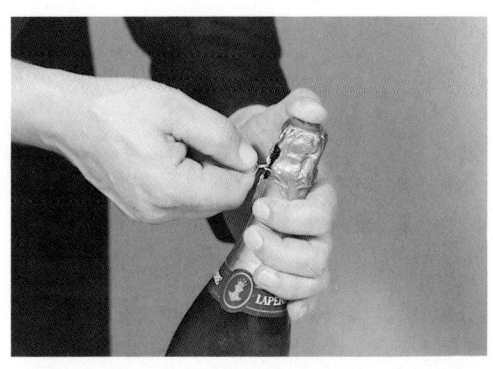

Drahtkorb zusammen mit der Stanniolkappe entfernen, wobei der Korken festgehalten wird.

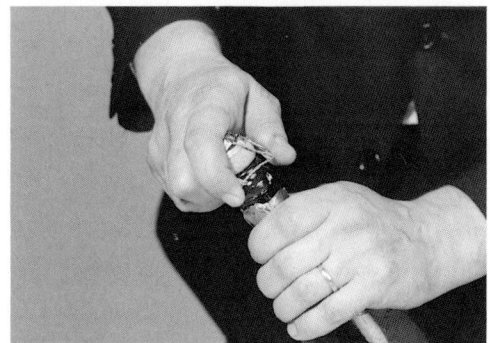

Durch vorsichtiges Drücken nach allen Seiten den Korken lösen und ihn unter Gegendruck langsam hochkommen lassen.

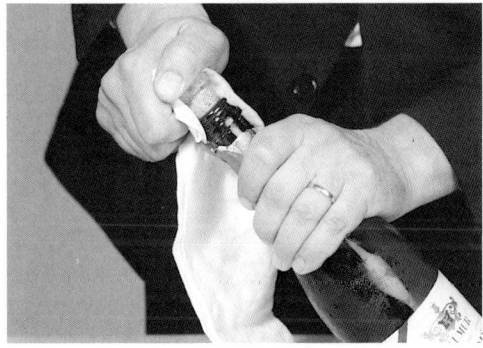

Merke:
Den Korken nie knallen lassen!

Sitzt der Korken sehr fest, muß eine Sektzange benutzt werden.

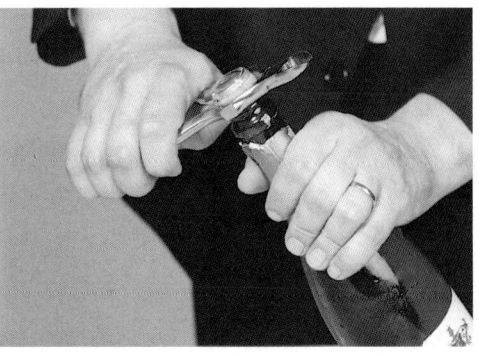

Merke:
Durch die Sektzange wirkt mehr Kraft auf den Korken ein.

Vorsichtig mit der Sektzange umgehen, da der Korken leicht abbricht.

Am Korken riechen, um festzustellen, ob der Sekt Fehler hat.

Flaschenmund mit der Serviette abwischen.

Sektflasche so in die Serviette einschlagen, daß das Etikett sichtbar bleibt.

Dem Gastgeber eine Probe einschenken, damit er sich vergewissern kann, daß der Sekt keine Fehler hat.

Sekt einschenken. Dies kann auf zwei Arten geschehen:

1. Sektflasche am Bauch halten.

2. Sektflasche am Boden halten. Hierbei liegt die Flasche auf den gestreckten Fingern und der Daumen greift in die Bodenwölbung.

Merke:
Diese Methode wird besonders bei Magnum-Flaschen angewendet, die wegen ihres Umfangs nicht am Flaschenbauch gehalten werden können.

Es ist zu empfehlen, den Flaschenhals mit einem Finger der linken Hand zu unterstützen (besonders bei vollen Flaschen).

Sektgläser $1/2$ bis maximal $2/3$ füllen, damit nicht zuviel Kohlensäure verlorengeht.

Sektflasche nach dem Einschenken sofort in den Sektkühler zurückstellen.

1.13 Vom Empfang bis zur Verabschiedung des Gastes

1.13.1 Empfang

Der Dienst am Gast beginnt mit dem Empfang des Gastes. Der erste Eindruck, den ein Gast vom Servicepersonal bekommt, ist sehr entscheidend.

Daher sollte die Servicekraft:

dem Gast die Tür aufhalten, wenn sie ihn kommen sieht. Der Gast muß bereits bei seinem Eintritt das Gefühl haben, daß er gesehen wurde und daß man sich um ihn kümmert!

den Gast höflich begrüßen, wenn er das Restaurant betritt,

dem Gast bei der Ablage der Garderobe helfen, wobei man Damen bevorzugt behilflich ist. Oft genügt eine entsprechende Geste, da häufig Herren ihrer Dame selbst behilflich sein wollen. In jedem Fall macht diese Geste der Hilfeleistung einen positiven Eindruck auf die Gäste.

Merke:
Sind Namen und Titel des Gastes bekannt, wird er entsprechend angeredet.

1.13.2 Platzzuweisung

Hat der Gast einen Tisch reserviert, wird er an „seinen" Tisch geführt, bzw. er wird gefragt, ob ihm der Tisch zusagt. Hat er nicht reserviert, so wird ihm ein freier Tisch angeboten.

Die Servicefachkraft sollte hierbei beachten:

1. Die entsprechenden Wünsche des Gastes, z.B. ein Gast, der gerne einen Platz am Fenster haben möchte.

2. Die Anzahl der Personen, z.B. bei starker Frequentierung des Restaurants wird man in der Regel nicht zwei Personen an einen Achtertisch plazieren.

Bei der Platzzuweisung sollte die Servicekraft vorausgehen!

Um den Gästen das Platznehmen zu erleichtern, wird der Stuhl vom Tisch weggerückt.

Beim Hinsetzen wird dem Gast der Stuhl nachgerückt.

Gleichzeitig kann man sich mit einem Blick vergewissern, ob der Tisch in Ordnung ist.

1.13.3 Entgegennahme der Bestellung

Arbeitsschritte:

Speisen- und Getränkekarte dem Gast überreichen.

Aperitif anbieten.

Auf bestimmte Gerichte hinweisen, z.B. Spezialitäten.

Merke:
Der Gast darf jedoch nie das Gefühl haben, man will ihm etwas aufzwingen.

Empfang und Verabschiedung des Gastes 193

Dem Gast Zeit lassen, die Karte zu studieren.

Den Gast beraten. Dabei die Produkte der Küche so „schmackhaft" wie möglich anbieten.

Im Umgang mit dem Gast ist die fachliche Beratung eine wesentliche Voraussetzung.

Folgende Auskünfte werden erwartet:

1. Welche Tagesspezialitäten werden angeboten.
2. Welcher Zeitaufwand wird für die Herstellung der einzelnen Gerichte benötigt.
3. Welche Speisen eignen sich für das Zusammenstellen eines Menüs.
4. Welche Diätspeisen werden angeboten.
5. Was beinhalten die Garnituren, und was bedeuten die Fachausdrücke.
6. Welche Getränke passen zu den Speisen.

Merke:
Jede Servicekraft muß die Speisen- und Getränkekarte des Hauses kennen. Rückfragen in der Küche sollten nur in Ausnahmefällen erforderlich sein.

Die Bestellung aufnehmen. Es empfiehlt sich, die Bestellung zu wiederholen, damit Verwechslungen vermieden werden.

Merke:
Bei der Aufnahme der Bestellung eine korrekte Haltung bewahren!

falsch

1.13.4 Rechnungserstellung und Verabschiedung

Auf Verlangen wird dem Gast die Rechnung sofort ausgestellt. Sie enthält folgende Angaben:

Anschrift des Betriebes und/oder Betriebsstempel.

Bezeichnung der Ware mit Preisangabe.

Ausweisung des Mehrwertsteuerbetrages.

Bei Rechnungen bis 200,– DM genügt die Angabe des Mehrwertsteuersatzes.

Bei Rechnungen über 200,– DM ist auch der Empfänger (Gast) zu nennen.

Unterschrift bzw. Zeichen des Ausstellers.

Unterschrift des Gastgebers, falls die Rechnung nicht sofort beglichen, sondern der Firma zugeschickt wird.

Bei der Präsentation der Rechnung ist zu beachten:

Die Rechnung gefaltet auf einen kleinen oder mittleren Teller legen, eventuell in einer Serviette.

Dem Gast einige Zeit zur Überprüfung der Rechnung und zum Bereitlegen des Geldes lassen.

Das Geld mit der Rechnung in Empfang nehmen.

Außerhalb des Blickfeldes des Gastes das Wechselgeld auf den Teller legen.

Merke:
Nicht vor dem Gast mit der Wechselgeldtasche hantieren!

Wechselgeld zusammen mit der Rechnung auf dem Teller zurück an den Tisch des Gastes bringen.

Die Servicefachkraft sollte dem Gast vor Verlassen des Hauses wieder bei der Aufnahme der Garderobe behilflich sein, ihn freundlich verabschieden und ihm für seinen Besuch danken.

1.14 Organisation von Festessen

1.14.1 Annahme von Festessen

Ein Haus ist immer darauf bedacht, seine Gäste zufriedenzustellen, was insbesondere auch für größere Veranstaltungen gilt.
Zur Vermeidung von Mißverständnissen und Unklarheiten sollten folgende Punkte schriftlich festgehalten werden:

Datum und Uhrzeit

Es muß überprüft werden, ob zum in Betracht kommenden Termin Räume zur Verfügung stehen. Sodann wird der zeitliche Ablauf des Festessens festgelegt, z.B. Ankunft, Reden, Beginn des Essens.

Anlaß und Personenzahl

Je nach Anlaß und Personenzahl richten sich:

Speisen- und Getränkefolge
In der Regel erhält der Kunde einige Menüvorschläge, damit er eine Übersicht über Angebot und Preise hat.

Tafelform und Tafelordnung
Nachdem die Tafelform festgelegt wurde, muß man sich nach der erforderlichen oder gewünschten Sitzordnung erkundigen.

Dekoration
Mit Tafeldekoration, Raumschmuck und Menükarten wird ein festlicher Rahmen erstellt.

Musikalische Unterhaltung
Mit zur Planung gehört, ob Musik zur Unterhaltung gewünscht wird bzw. ob Tanzgelegenheit vorhanden sein soll.

Ansprachen und Reden
Damit ein reibungsloser Ablauf des Festessens ermöglicht wird, muß in Erfahrung gebracht werden, ob und wann Ansprachen und Reden vorgesehen sind, was wichtig ist für die Zusammenarbeit von Küche und Service.

Name und Adresse des Auftraggebers

Für den Fall, daß noch Rücksprachen notwendig sind, müssen Name, genaue Anschrift und Telefonverbindung des Gastes bzw. seines Auftraggebers festgehalten werden. Auch muß sichergestellt sein, an wen die Rechnung geschickt wird.

Damit bei der Annahme nichts vergessen wird, werden die wichtigsten Punkte auf vorgedruckten Checklisten vermerkt.
Eine solche Checkliste zur Annahme eines Festessens kann wie folgt aussehen:

Beispiel: Planung von Festessen

Restaurant alfa hotel
St. Ingbert

Datum: von: bis:

Anlaß:

Anzahl der Personen:

Raum und Raummiete:

Tafelform:

Dekoration und Preis:

Aperitif/Digestif:

Kaffeepausen:

Tabakwaren:

Weinfolge: Speisenfolge:

Sonstige Getränke:

Auftraggeber:

Genaue Anschrift:

Telefon:

Besonderes:
Ansprachen und Reden — Menuekarten — Musik — Sitzordnung

Verteiler: ☐ Direktion   Form der Bezahlung:
             ☐ Auftraggeber   Rechnung an:
             ☐ Küche
             ☐ Service
             ☐ Empfang   Aufgenommen am: durch:
             ☐ Etage   Zimmer inkl. Frühstück:
             ☐ Bar
             ☐ Hausmeister   Preis pro Person: Insgesamt:

                                  Datum: Unterschrift des Gastes

1.14.2 Vorbereitung des Festessens

Brigade

Damit ein fachlich einwandfreies Service gewährleistet ist, muß eine Brigade zusammengestellt werden. Unter einer Brigade versteht man alle Servicekräfte, die bei der Vorbereitung und beim Ablauf eines Festessens zusammenwirken.

Sie besteht in der Regel aus:
Serviceleiter
Chefs und Commis
Sommeliers

Serviceleiter

Der Serviceleiter ist für die Organisation vor und während des Service verantwortlich. Er hat folgende Aufgaben:
Einteilen der Servicekräfte zu den verschiedenen Vorbereitungsarbeiten.
Mit dem Gastgeber oder dessen Bevollmächtigten vorgesehene Reden und Ansprachen besprechen. Dies ist erforderlich, da der Ablauf des Essens mit der Küche besprochen werden muß. Die Küche muß wissen, wann Reden gehalten werden, um das Anrichten der Speisen entsprechend zu organisieren.
Einteilen der Stationen bzw. Aufgabenbereiche an die Servicekräfte.
Den Einsatz zum Bedienen und zum Abräumen geben.
Die Tafelstellung, das Eindecken der Tafel sowie den Tafelschmuck und sonstige Dekoration überwachen.
Für die richtige Sitzordnung sorgen.

Chefs — Commis

Die Chefs und Commis tätigen alle Vorbereitungsarbeiten, z.B. Tafel stellen und eindekken, Servicetische richten, Teller polieren, Vorleger richten usw.

Während des Service sind sie für ihre Stationen verantwortlich. Eine Serviceeinheit beträgt für Chef und Commis im gehobenen Service ca. 8 bis 10 Personen. Der Chef serviert die Hauptplatte, der Commis die Beilagen. Ein Chef-Commis-System wird jedoch nicht immer möglich sein.

Sommelier

Der Sommelier übernimmt 2 bis 3 Serviceeinheiten. Er öffnet vor dem Service die Flaschen, probiert den Wein und überprüft die Temperatur.

Während des Service schenkt der Sommelier Wein und andere Getränke aus und achtet darauf, daß die Gäste nicht vor leeren Gläsern sitzen. Ist kein Sommelier zur Stelle, übernimmt ein Chef de rang das Getränkeservice.

Tafelformen

Die gängigen Tafelformen für größere Festessen sind:

Lange Tafel oder Langtafel für 8 bis 16 Personen.

Block für 12 bis 20 Personen.

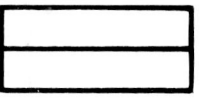

T-Tafel für 15 bis 25 Personen.
Entweder breiter Kopf und kurzer Schenkel oder schmaler Kopf und langer Schenkel.

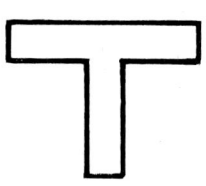

U-Tafel für 25 bis 40 Personen.
Entweder breiter Kopf und kurze Schenkel oder schmaler Kopf und lange Schenkel.

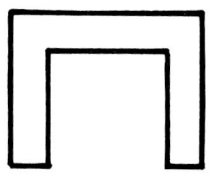

E-Tafel für 50 bis 80 Personen.

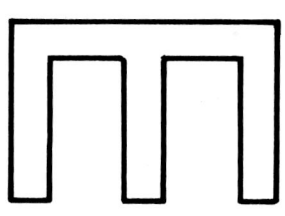

Fischgräten für größere Veranstaltungen wie Bälle, Modenschau usw.

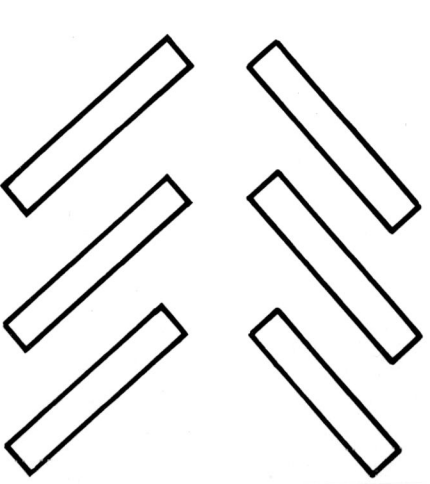

Organisation von Festessen

Gelockerte Tafelform. Darunter versteht man die offene Anordnung der Tische, d.h. sie werden nicht zu einer Tafel zusammengestellt.

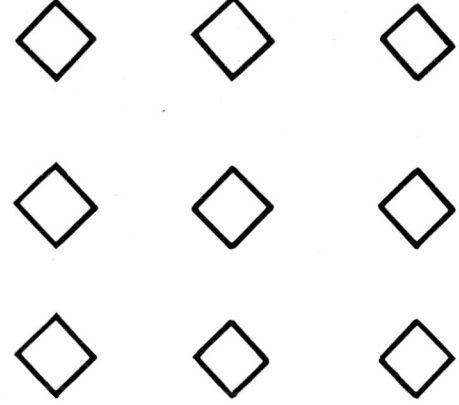

Tafelordnung

Um bei größeren Essen den Teilnehmern das Auffinden der Plätze ohne großen Zeitaufwand zu ermöglichen, ist es notwendig, einen Tafelplan zu erstellen.

Der Tafelplan ist ein Lageplan der einzelnen Tische (bei aufgelockerter Tafelform) bzw. der Tafel. Die Tische werden durch Buchstaben oder römische Ziffern gekennzeichnet.

Die Sitzplätze werden mit arabischen Ziffern ausgezeichnet. Bei einer großen Anzahl von Plätzen wäre die Verwendung von Buchstaben und römischen Zahlen nicht möglich bzw. unübersichtlich.

Der Lageplan wird im Vorraum aufgestellt bzw. aufgehängt – eventuell in dem Raum, in dem sich die Gäste zum Aperitif sammeln.

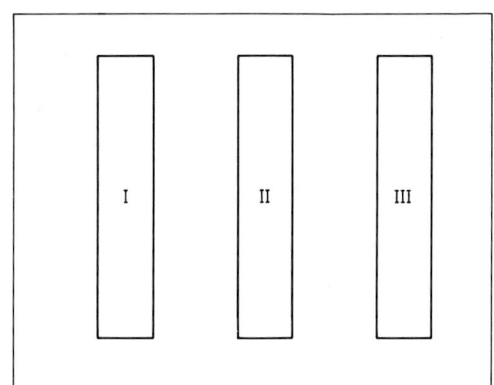

Bei Gemeinschaftstafeln werden auf dem Tafelplan die Sitze numeriert; am Tisch selbst werden Tischkarten mit den Namen der Gäste aufgestellt. Es empfiehlt sich, ein alphabetisches Gästeverzeichnis aufzustellen, in dem Tische und Plätze angegeben sind.

Beispiel:

Gäste	Tisch	Plätze
Herr und Frau Becker	I	3, 4
Herr Jung	III	57
Frau Kirch	III	56
Herr und Frau Meyer	IV	27, 28
Herr und Frau Schultz	II	74, 75
usw.		

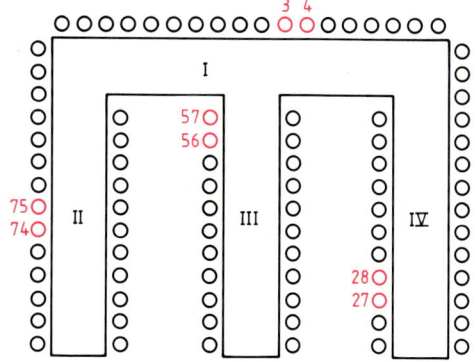

Serviceeinteilung

Nachdem die Vorbereitungsarbeiten getätigt sind, teilt der Serviceleiter die einzelnen Stationen und Arbeitsbereiche ein.

Beispiele:

1. *T-Tafel.* Für eine Gesellschaft von 24 Personen stehen vier Servicekräfte zur Verfügung:

   Service 1: Krück
   Service 2: Trampert
   Service 3: Lenhof
   Sommelier: Schaum

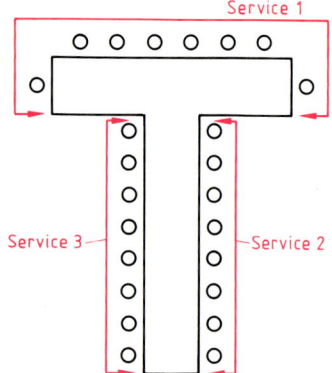

2. *U-Tafel* · Für eine Gesellschaft von 40 Personen stehen zehn Servicekräfte zur Verfügung.

Service	Chef – Commis		Sommelier
1	Welter	Küster	Jungfleisch,
2	John	Baßler	Service 1 und 3
3	Russy	Weyrauch	Freunscht,
4	Brück	Stephan	Service 2 und 4

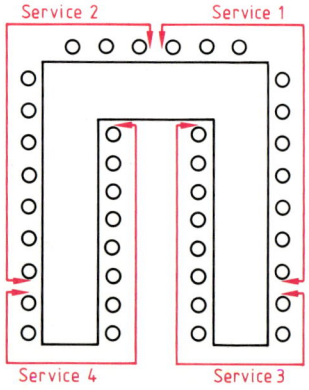

Organisation von Festessen

3. *E-Tafel.* Für eine Gesellschaft von 58 Personen stehen 11 Servicekräfte zur Verfügung:
   6 Servicekräfte übernchmen jeweils 8 Personen,
   2 Servicekräfte übernehmen jeweils 5 Personen (Ehrengäste),
   3 Sommeliers — es wird mit einem großen Getränkeumschlag gerechnet.

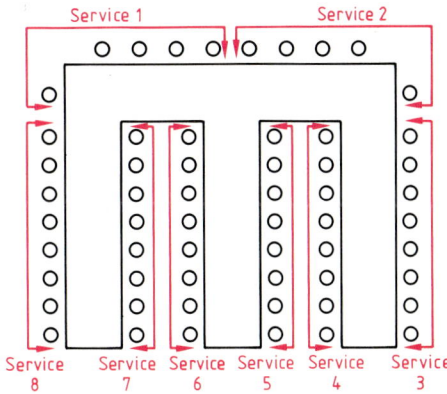

Service	Name
1	Hagen
2	Koch
3	Bierl
4	Feinauer
5	Ewaiwi
6	Dabelow
7	Heckler
8	Wallner

Sommelier	Name	Service
1	Götz	1, 2, 3
2	Müller	7, 8, (6)
3	Gries	4, 5, (6)

4. *Fischgräten oder Langtafeln.* Für eine Gesellschaft von 96 Personen wurden 6 Langtafeln für je 16 Personen gestellt. Es stehen 15 Servicekräfte zur Verfügung:

   Je ein Chef und ein Commis übernehmen eine Tafel mit 16 Personen. Jeder Sommelier betreut 2 Tafeln.

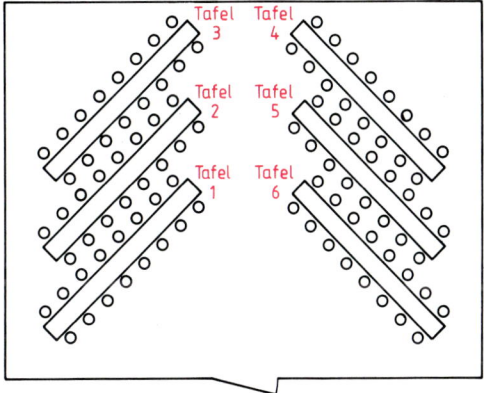

Tafel	Chef	— Commis	Sommelier
Nr. 1	Tryller	Hack	Lacqué
Nr. 2	Fery	Kokosch	Lacqué
Nr. 3	Hunze	Grandinetti	Delgado
Nr. 4	Lang	Kolz	Delgado
Nr. 5	Neufang	Peters	Muth
Nr. 6	Bohr	Feldmann	Muth

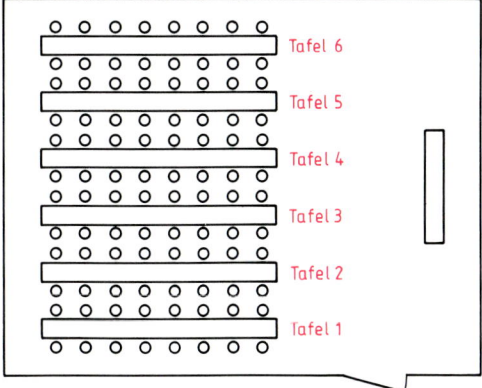

1.14.3 Service des Festessens

Bei Ankunft der Gäste stehen der Serviceleiter und einige Servicekräfte für notwendige Hilfeleistungen bereit (z.B. Abnahme der Garderobe, Auskunft über Tischordnung).

Beim Service der Speisen und Getränke ist folgender Ablauf zu berücksichtigen:

Zu Beginn des Essens begeben sich die Servicekräfte auf Zeichen des Serviceleiters in geschlossener Reihenfolge an die Tafel/die Tische, und zwar an den Anfang ihrer Station.

Bevor die Speisen eingesetzt oder vorgelegt werden, schenken die Sommeliers die Getränke aus.

Alle Servicekräfte fangen gleichzeitig an zu bedienen. Dauert das Service in einer Station etwas länger, wird die „benachbarte" Servicekraft selbstverständlich helfen.

Die gebrauchten Platten werden in die Küche zurückgebracht, wo sie zum Nachservice neu hergerichtet werden.

Merke:
Zum Nachservice übernimmt eine Servicekraft mehrere Stationen, da nicht jeder Gast eine Speise zweimal nimmt.

Die Servicekräfte bleiben in ihren Stationen, um weitere Wünsche der Gäste zu erfüllen. Abgeräumt wird gleichzeitig, wobei so geräuschlos wie nur möglich gearbeitet wird.

Merke:
Damit sich kein Gast benachteiligt fühlen kann und damit die am Ende des Service sitzenden Gäste nicht immer die Platten und Beilagenschüsseln mit den letzten Portionen serviert bekommen, beginnt die Servicekraft mit dem folgenden Gang immer dort, wo sie mit dem vorhergehenden Gang aufgehört hat. Ausnahmen sind die Ehrengäste, bei denen grundsätzlich mit dem Service angefangen wird.

Das Festessen ist nur dann ein Erfolg, wenn zügig serviert wird.

Für die einzelnen Gänge sind zum schnelleren Service folgende Hinweise zu beachten:

Gänge	Anrichteweise
Vorspeisen	– auf Tellern anrichten
Suppen	– in Tassen und nicht mit Einschenktassen servieren
Fisch	– sollte portioniert oder leicht zu portionieren sein, z.B. Seezungenröllchen und nicht Forelle blau
Fleisch	– sollte portioniert sein, z.B. Steaks, Medaillons, aufgeschnittener Braten
Geflügel	– sollte ausgebeint sein, z.B. Hühnerbrüstchen
Beilagen	– keine großen Gemüse- oder Salatplatten – keine großen Stücke, z.B. ganzer Blumenkohl – keine schwer zu servierenden Speisen, z.B. Strohkartoffeln
Nachspeisen	– keine hohen Aufbauten auf Tellern, z.B. hohe Eisbecher – keine schwer zuzubereitende Nachspeisen, z.B. Crêpes Suzette für 60 Personen! – am besten in Glastellern oder auf Tellern anrichten

1.15 Das Kalte Büfett

Eine beliebte Art, Festessen zu veranstalten, ist das Herrichten eines Kalten Büfetts. Es wird zu gleichen Anlässen wie andere Festessen angeboten. Das Kalte Büfett stellt eine attraktive Zusammenstellung von Speisen und Gerichten mit Beilagen dar. Die Speisenauswahl reicht von Vorspeisen bis zu Nachspeisen.

Es gibt verschiedene Arten von „Kalten" Büfetts:

Kalte Büfetts mit nur kalten Speisen und Gerichten.

Warme Büfetts mit warmen Gerichten in der Anordnung einer Speisenfolge.

Kalt-warme Büfetts, wobei sowohl warme Speisen als auch kalte Gerichte angeboten werden. Als warme Speisen kommen in der Regel Gerichte wie Filet Wellington, Prager Schinken, Ragouts, Suppen usw. in Betracht.

1.15.1 Vorteile des Kalten Büfetts

Gegenüber anderen Festessen, d.h. dem Service größerer Speisenfolgen, hat das Kalte Büfett folgende Vorteile:

Vielseitiges Angebot, d.h. der Gast hat eine größere Auswahl an Speisen.

Einsparung an Servicepersonal, d.h. eine größere Anzahl an Gästen kann mit relativ wenigen Servicefachkräften bedient werden.

Leichteres Service, da sich das Service am Tisch des Gastes vorwiegend auf Getränke beschränkt.

1.15.2 Errichten des Kalten Büfetts

Möglichkeiten der Büfettstellung

Je nach räumlichen Verhältnissen und Gästezahl ist die Größe und die Form des Büfetts zu bestimmen. Es sind verschiedene Tafelformen möglich, wobei folgendes zu beachten ist:

Soll die Tafel entlang einer Wand oder frei im Raum stehend aufgebaut werden?

Wieviel Platz muß für Servicefachkräfte oder Köche vorhanden sein?

Beispiele von typischen Büfettstellungen:

Lange Tafel. Je nach Größe des Büfetts werden mehrere Tische in einer Reihe aneinandergestellt.

Winklige Tafel. Diese wird für eine größere Personenzahl gewählt und steht im Winkel eines großen Raumes.

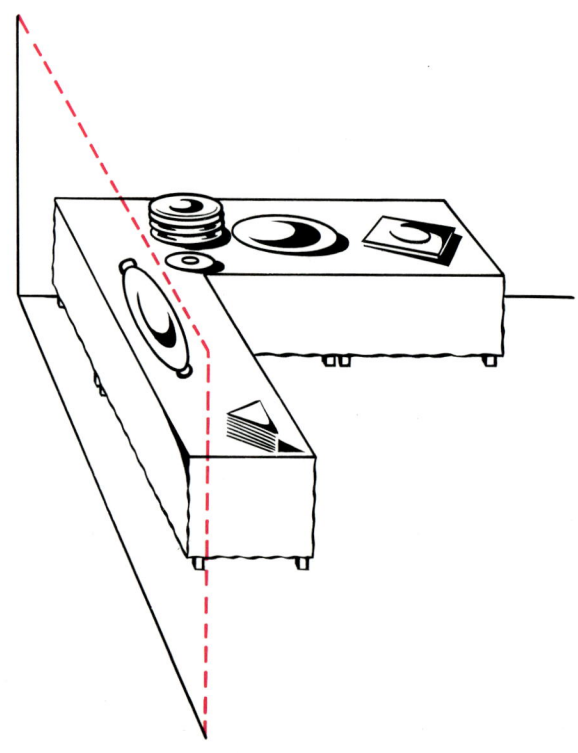

U-Tafel. Je nach Größe des Raumes und benötigtem Platz für Servicekräfte oder Köche gibt es verschiedene Möglichkeiten der Büfettstellung.

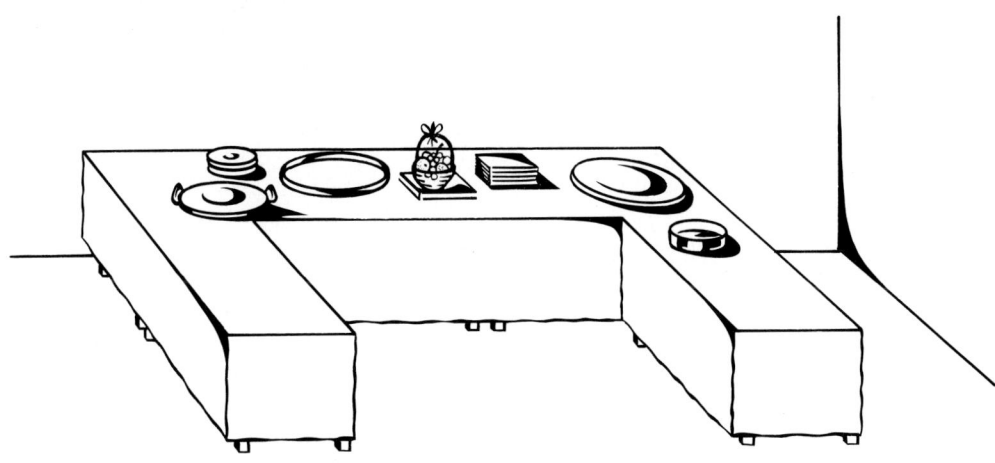

Rechteckige Tafel mit freiem Innenraum. Diese Form ist bei größeren Veranstaltungen von Vorteil, da von außen ein allseitiger Zugang der Gäste möglich ist und die Servicekräfte von innen bedienen können.

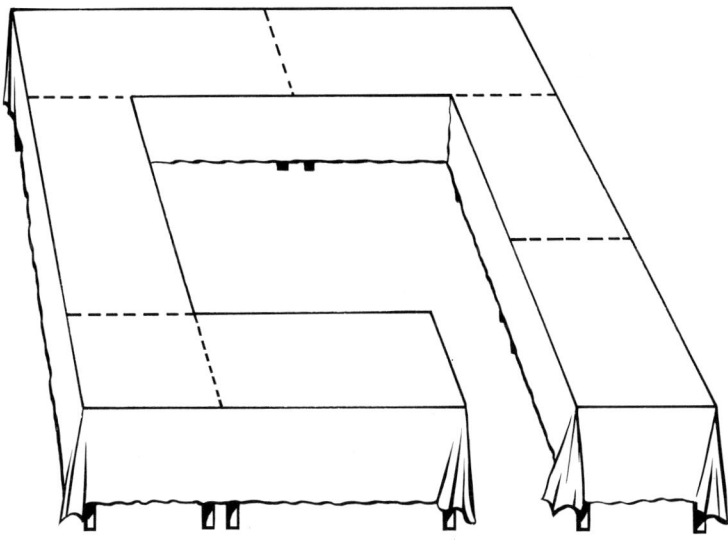

Nachdem die Tafel gestellt ist, wird sie mit Moltondecken versehen. Die Tafeldecken werden so aufgelegt, daß sie auf allen für den Gast sichtbaren Seiten bis zum Boden reichen.

Anordnung auf dem Büfett

Je nach Stellung und Größe des Büfetts werden mit Schauplatten, Obstschalen und -körben, Blumenarrangements oder Kerzenleuchtern dekorative Schwerpunkte geschaffen. Für Schauplatten, d.h. besonders dekorative Platten, eignen sich größere Fleischteile wie ganze Rücken, Prager Schinken oder Hummer und Langusten.

Der Aufbau der Platten ist in verschiedenen Ebenen möglich, indem auf der Tafel kleine Tischchen oder Hocker aufgestellt und in Decken eingeschlagen werden.

Dekorative Platten können durch Unterschieben umgedrehter Teller in eine leichte Schräglage, mit Sicht zum Gast gebracht und so wirkungsvoll dargeboten werden.

Einfache und kleinere Platten werden zugeordnet.

Merke:
Soßen müssen jeweils bei den Speisen stehen, zu denen sie gehören!
Beispiele: Sahnemeerrettich zu Forellenfilets,
Cumberlandsauce zu Wildpastete usw.

Brot und Brötchen werden entweder auf dem Büfett mit eingeordnet, auf einem Beistelltisch am Ende des Büfetts aufgestellt oder auf den Tischen eingesetzt.

Hinweise für einen reibungslosen Ablauf

Nicht alle Platten aufbauen, sondern einige in Reserve halten.
Vorlegebestecke nicht in die Platten, sondern nur knapp auf den Plattenrand auflegen.
Vorlegebestecke mit den Griffenden zum Gast hinlegen.
Teller an den Anfang des Büfetts stellen.
Die Anzahl der Teller sollte doppelt so groß sein wie die Anzahl der Gäste.
Bestecke am Ende des Büfetts entsprechend der Telleranzahl bereitlegen.

Merke:
Im gehobenen Service werden die Bestecke auf den Tischen eingedeckt.

1.15.3 Service am Büfett

Am oder hinter dem Büfett können Köche und Servicefachkräfte dem Gast behilflich sein, indem sie ihn beraten und bedienen.

Bei den „großen" Platten sollte immer eine Servicefachkraft oder ein Koch stehen. Er kann einzelne Portionen tranchieren, z.B. Schinken, Pasteten, Geflügel, vorlegen und vor allem die Platten neu ordnen und Speisen von fast leeren Platten neu zusammenstellen.

Leere Platten sollten sofort abgeräumt werden.

Merke:
Ein freier werdendes Büfett sieht immer noch besser aus als ein Büfett mit leeren Platten!

Wird ein Büfett leerer, kann man mit etwas Geschick immer wieder neue Blickpunkte schaffen.

1.16 Das Frühstück

Das Frühstücksservice ist für den Gast das erste Service; es kann seine Stimmung für den ganzen Tag beeinflussen. Folgende Voraussetzungen sollten gegeben sein:

1. Ein heller, freundlicher und vor allem gut gelüfteter Frühstücksraum. Am besten eignet sich ein separater Raum, der folgende Vorteile bietet:

    Gute Belüftung, d.h. keine störenden Gerüche von Speisen, Rauch, Alkohol vom Vorabend.

    Vorbereitungsarbeiten können schon am Vorabend getätigt werden.

    Die Gäste sind ungestörter, das heißt sie sind z.B. keinen lästigen Vorbereitungsarbeiten für das Mittagsservice ausgesetzt.

    Die Gäste können auch später und länger frühstücken.

2. Ausgeruhte und freundliche Servicekräfte.

3. Gut vorbereitete mise en place.

    Zu diesen Vorbereitungsarbeiten zählen:

    Eindecken des Frühstücksraumes.

    Auflegen der Grundgedecke.

    Bereitstellen von verschiedenen Servicegegenständen wie Geschirr, Bestecke, Menagen, Gläser, Karaffen, Tischdecken, Deckservietten, Servietten, Tabletts usw.

    Tassen in den Wärmeschrank stellen.

    Blumenvasen herrichten.

1.16.1 Frühstücksgedeck

Das Grundgedeck wird möglichst am Vorabend eingedeckt. Zur mise en place gehören:
Mittelteller, Frühstücksservietten,
Mittelmesser,
Mittelgabel, sofern Aufschnitt oder Käse fester Bestandteil des Frühstücks ist,
Untertassen, Kaffeelöffel,
Salzstreuer, eventuell auch Pfefferstreuer,
Tischabfalleimerchen

Arbeitsschritte:
Mittelteller in die Gedeckmitte einsetzen.

Merke:
Das Muster zeigt zum Gast!

Mittelmesser rechts vom Teller mit der Schneide nach innen eindecken.

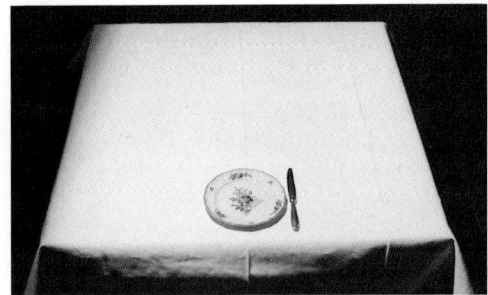

Gabel links vom Teller eindecken.

Untertasse mit Kaffeelöffel rechts vom Messer einsetzen, und zwar nach oben verschoben.

Merke:
Kaffeetassen werden nicht eingedeckt! Sie stehen im Wärmeschrank und werden erst zusammen mit den heißen Getränken aufgetragen.

Zucker im rechten Bereich oberhalb des Gedecks einsetzen.

Salz- und Pfefferstreuer im linken Bereich oberhalb des Gedecks einsetzen.

Sobald der Gast zum Frühstück Platz genommen hat, wird das Grundgedeck vervollständigt.

Arbeitsschritte:

Milchkännchen im rechten Bereich einsetzen.

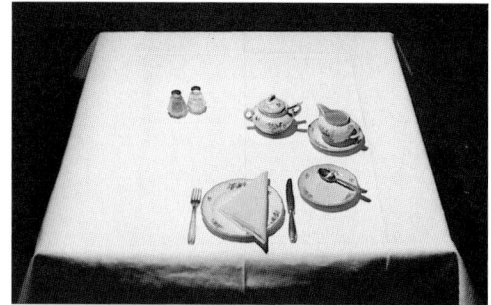

Kaffeekännchen mit der angewärmten Kaffeetasse im rechten Bereich einsetzen.

Brot, Butter, Marmelade im linken Bereich des Gedecks einsetzen.

Regeln beim Einsetzen des Frühstücks

Die Aufgußgetränke müssen heiß serviert werden.

Die Tassen sind angewärmt und kommen erst mit dem heißen Getränk auf den Tisch!

Kännchen auf einen Untersatz stellen, um die Tischdecke zu schonen!

Eventuell auch vorher eine Deckserviette auflegen.

Milchkännchen nie hinter das Kaffeekännchen stellen, da die Gefahr des Umstoßens größer ist.

Zu Tee immer ein Kännchen heißes Wasser, zu losem Tee ein Teesieb geben. Zu Teebeuteln einen Untersatz bereitstellen.

Getränke werden im rechten Bereich des Gedecks, Speisen in den linken Bereich eingesetzt.

Beim Frühstück bedienen sich die Gäste in der Regel selbst — daher nur einsetzen.

1.16.2 Frühstücksarten

Im internationalen Hotelservice gibt es verschiedene Frühstücksarten. Als klassisches Hotelfrühstück in Europa (auf dem Kontinent) ist das kontinentale Frühstück zu sehen. Es wird auch als „komplettes" Frühstück bezeichnet.

Es beinhaltet:
Kaffee, Tee, Schokolade oder Milch
Kaffeesahne und Zucker
Brötchen, Hörnchen, diverse Brotsorten
Butter, Konfitüren, Honig
Ei und/oder Aufschnitt

Das kontinentale Frühstück kann je nach Rang und Größe des Hotels beliebig erweitert werden. Unter einem erweiterten Frühstück versteht man jede Erweiterung, die der Gast außer dem gebotenen Frühstück bestellt und extra bezahlt.

Verschiedene Frühstücksarten

Französisches Frühstück
Es ist kein typisches Hotelfrühstück, wird vor allem in französischen Haushalten und Cafés gereicht. Es besteht in der Regel aus Milchkaffee (café au lait) und Hörnchen (croissants).

Deutsches Frühstück
In Hotels wurde das deutsche vom kontinentalen Frühstück abgelöst. Es besteht aus den gleichen Speisen und Getränken, außer Ei und Aufschnitt.

Holländisches Frühstück
Außer Brot, Butter, Marmelade beinhaltet es verschiedene Käsesorten, Zwieback, gemischte Fleischplatten, Pfannkuchen.

Schweizer Frühstück

Außer Kaffee und Tee wird, besonders für Kinder, Ovomaltine angeboten. Weitere Speisen sind Birchermüsli, Sanddornmüsli, verschiedene Käse- und Aufschnittplatten, Eierspeisen.

Russisches Frühstück

Es kann außer den Speisen und Getränken des kontinentalen Frühstücks auch verschiedene Fleischspeisen, Kaviar und Wodka enthalten.

Englisches Frühstück

Es ist so reichhaltig und ausgiebig, daß es eine Hauptmahlzeit darstellt.

Es kann enthalten:
Porridge, Breakfastwürstchen.

Verschiedene Säfte, Cornflakes, Mehl- und Eierspeisen, Fische (Haddocks = gebackene Schellfische, Kippers = Räucherheringe).

Verschiedene Fleischspeisen vom Rost, gegrillter Schinken mit pochierten Eiern, Kalbszunge, Kalbsnieren, verschiedene Eierspeisen.

Das Frühstück

Amerikanisches Frühstück

Gleicht sehr dem englischen Frühstück, ist jedoch regional verschieden. Es kann beinhalten: Fruchtsäfte, Frischobst, Rosinenbrot, Kuchen, Cornflakes, Maisbrei, Gebratene Fische, verschiedene Eier- und Fleischspeisen.

Merke:
Auf dem Tisch dürfen nicht fehlen: Menagen, Tomatenketchup, Worcestershiresauce, Eiswasser

Kater-Frühstück

Viele Säfte, z.B. Orangensaft, Grapefruitsaft, Tomatensaft, saure Speisen, z.B. Gurken, Rollmöpse usw., deftige Speisen, z.B. Bauernomelett, Rührei mit Schinken usw.

Sektfrühstück

Im Vordergrund steht Sekt oder Champagner. Dazu wird gerne Kaviar, Toast und Butter gereicht.

Das Frühstücksbüfett

Im Frühstücksservice werden in vielen Hotels beinahe alle Speisen und Getränke auf einem Frühstücksbüfett aufgebaut. Dies bringt nachstehende Vorteile:

Einsparung an Servicepersonal

Weniger Arbeit während des Service

Appetitanregendes Angebot für den Gast

Geringe Wartezeiten für den Gast

1.16.3 Die Frühstückskarte

Unabhängig von der Frühstücksart, sollte jeder Betrieb eine Frühstückskarte auslegen, in der alle angebotenen Speisen und Getränke aufgegliedert sind.

Dies ist aus folgenden Gründen notwendig:

Sie dient zur Anregung des Gastes, da er sein Frühstück nach Belieben und nach dem jeweiligen Angebot zusammenstellen kann.

Sowohl für den Gast als auch für die Servicekraft stellt die Frühstückskarte Zeitersparnis und Arbeitserleichterung bei dem Zusammenstellen des Frühstücks dar.

Der Gast sieht, was im Zimmerpreis inbegriffen ist und was er extra bezahlen muß.

Die Frühstückskarte wird nach ähnlichen Gesichtspunkten wie die Menü- und Speisenkarte erstellt.

(siehe Abschnitt Speisenkarten)

Beispiel einer Frühstückskarte

Restaurant
alfa hotel
St. Ingbert

Frühstück	DM	*Je nach Wunsch*	
im Zimmerpreis inbegriffen		Kaffee, Tee oder Schokolade	
		Nach Wahl vom Büfett	
		Frisch ausgepreßten Orangensaft	
		Frisch ausgepreßten Grapefruitsaft	
		Tomatensaft	
		Brötchen, Hörnchen, verschiedene Brotsorten	
		Butter, Margarine, Honig	
		verschiedene Marmeladen	
		Wurstaufschnitt, Käseplatte	
Wir sind gerne bereit, Ihnen spezielle		1 gekochtes Ei	DM .....
Frühstückswünsche		2 Eier im Glas	DM .....
zu erfüllen		2 Rührei	DM .....
		2 Rührei mit Schinken	DM .....
		2 Spiegeleier mit Speck	DM .....
		1 Portion Cornflakes	DM .....
		1 Portion Birchermüsli	DM .....
		1 Portion Kräuterquark	DM .....
		1 Kalbsteak natur	DM .....
		2 Filets Mignons auf Toast	DM .....
		1 Portion Beluga Malossol Kaviar	DM .....
		$1/2$ Flasche Sekt trocken	DM .....
		$1/1$ Flasche Sekt trocken	DM .....
		$1/1$ Flasche Champagner brut	DM .....

2 Büfett

2.1 Mise en place

Damit sich das Büfett für das Service in einem einwandfreien Zustand befindet, muß folgende mise en place vorgenommen werden:
Reinigungsarbeiten
Vorbereitungsarbeiten

Reinigungsarbeiten

Tägliche Arbeiten:
Mülleimer ausleeren und auswaschen (Geruch)
Leergut sortieren und wegbringen
Hinter dem Büfett auskehren und putzen
Gebrauchte Gläser spülen und polieren
Kaffeemaschine putzen und polieren
Zapfhähne reinigen und polieren
Büfettoberfläche säubern und polieren
Becken und Ablaufflächen reinigen und polieren
Becken mit frischem Wasser auffüllen

Arbeiten nach Bedarf:
Gläserschrank ausräumen, feucht auswischen und trockenreiben, Glasscheiben polieren (bei Fettflecken, z.B. Fingerabdrücke, herausnehmen, abwaschen, polieren)
Schubladen ausräumen, auswischen, einräumen
Kühlschränke innen und außen abreiben und polieren

Vorbereitungsarbeiten

Tägliche Arbeiten:
Flaschen abreiben
Bestand in den Kühlschränken neu auffüllen
Säfte herrichten
Bestand an Kaffee, Tee, Kakao, Schokoladenstreusel, Plätzchen usw. prüfen bzw. ergänzen
Orangen und Zitronen für Garnitur schneiden
Obst für Obstkörbe richten
Eiswürfel vorbereiten

2.2 Die Bierschankanlage

Die Bierschankanlage besteht aus:
der Zapfsäule
den Leitungen
dem Anstichkörper
der Faßkühlung
den Kohlendioxidflaschen

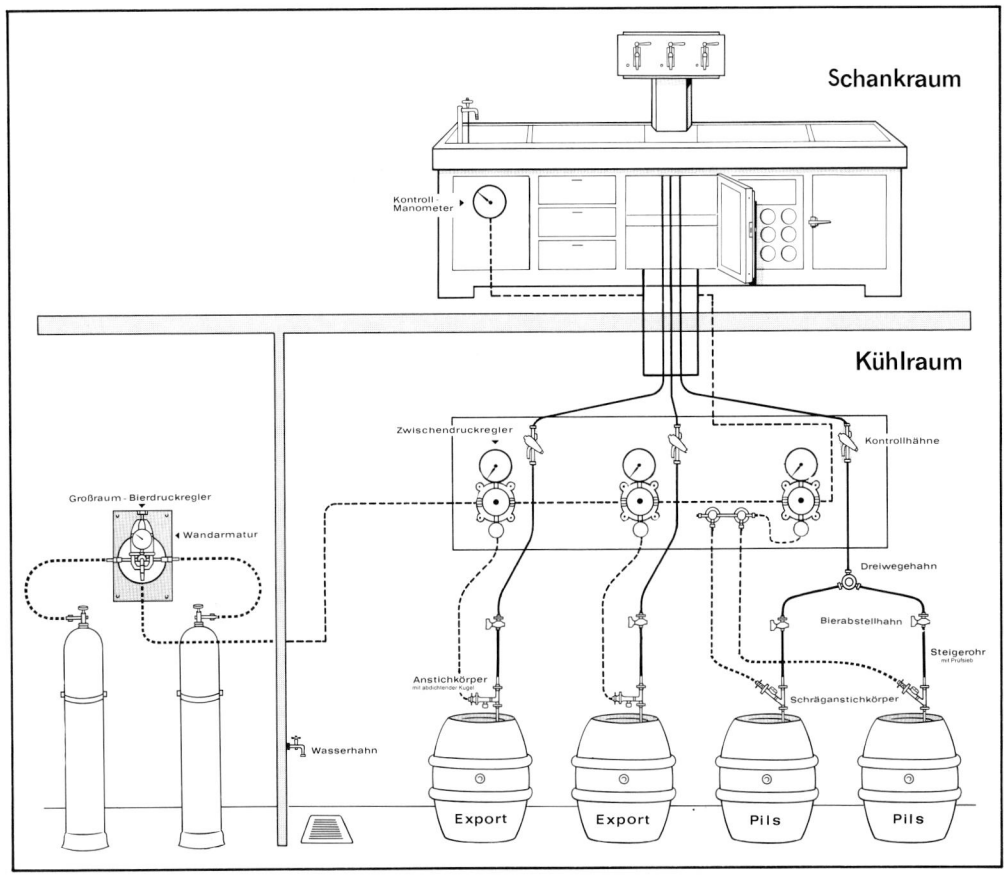

Bierschankanlage mit Schankraum und darunterliegendem Kühlraum

2.2.1 Lagern des Bieres

Der Bierkeller dient allein zur Unterbringung des Bieres, d.h. andere Waren gehören wegen Geruchs- und Geschmacksbeeinträchtigungen nicht dorthin!

Forderungen an den Bierkeller:
Geruchsfrei und leicht zu lüften.
Wände und Boden leicht zu reinigen.
Wasseranschluß und Wasserabfluß in Reichweite.

Gleichbleibende Temperatur.
Die ideale Lagertemperatur für Bier liegt bei 6 °C bis 8 °C. Sie darf nicht unter 5 °C fallen (Kältetrübung) und nicht über 10 °C ansteigen (Verringerung der Haltbarkeit und Beeinträchtigung der Qualität).

Das Bier sollte nicht nur gleichmäßig vorgekühlt sein, sondern auch ausgeruht, d.h., ein Faß sollte mindestens zwei Tage vor dem Anstich liegen, damit sich das Bier vom Transport erholt.

Es ist darauf zu achten, daß Fässer mit dem Datum des Liefertages versehen werden. Neu angelieferte Fässer sollen hinter früher gelieferten lagern. Dadurch wird ein Überlagern des Bieres verhindert.

Merke:
Überlagerte Biere verlieren an Geschmack, schmecken schal und weisen oft Trübung auf.

2.2.2 Pflege der Bierleitungen

Das Rücken der Fässer hat vorsichtig zu geschehen, damit die Leitungen keine Knicke bekommen oder andere Beschädigungen erleiden.

Bierleitungen sollen stets steigend verlaufen, damit die Bildung von Kohlendioxidblasen in der Leitung vermieden und blasenfreies Zapfen gewährleistet ist.

Die Verordnung über Getränkeschankanlagen verlangt (§ 9), daß die Bierleitungen mindestens alle 14 Tage zu reinigen sind.

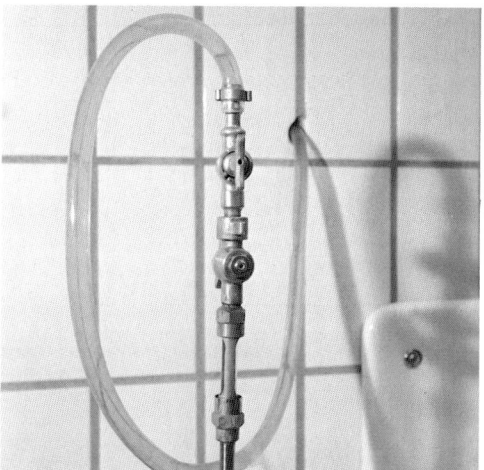

falsch

2.2.3 Lagern der Kohlendioxidflaschen

Schon während des Brauprozesses entsteht Kohlendioxid, das im Bier gebunden wird. Es verbessert den Geschmack, die Bekömmlichkeit und das Aussehen des Bieres.

Das Kohlendioxid aus der Stahlflasche (CO_2-Flasche) dient dazu, den Kohlendioxidgehalt im Bier zu erhalten und

das Bier vom Faß in den Schankhahn zu transportieren.

Der Weg von den CO_2-Flaschen zu den Anstichkörpern sollte so gering wie möglich sein.

Die Bierschankanlage

Die Kohlendioxidflaschen müssen stehend gelagert werden und gegen Umfallen gesichert sein.

Dies geschieht in der Regel mit Ketten oder Stahlbügeln.

Wegen der Explosionsgefahr dürfen die Flaschen nicht liegen.

Damit das Bier ohne Verlust an Kohlendioxid gezapft werden kann, muß der Druck in der Flasche immer konstant gehalten werden. Das Faß muß dabei unter Druck bleiben, bis es völlig leer ist.

Weiterhin ist darauf zu achten, daß der Druck am Druckminderer nicht verändert wird. Fehlerhafte Druckminderer sofort auswechseln.

Sicherheitsvorschriften beachten:

Leitungen auf undichte Stellen überprüfen.
Nicht am Sicherheitsventil hantieren.
Druck am Sicherheitsventil niemals verstellen.
Fehlerhafte Druckminderventile sofort auswechseln.

2.2.4 Reinigen der Zapfhähne

Zapfhähne gibt es in verschiedenen Ausführungen. Die bekanntesten sind die Pilshähne und die Exporthähne.

Der Pilshahn hat einen langen Auslauf, der die gewünschte hohe Schaumkrone bei Pils-Bieren fördert.

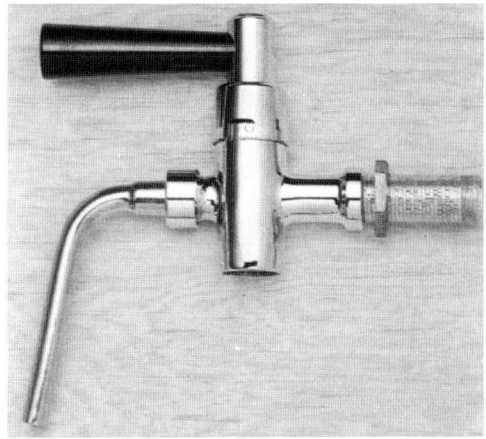

Der Exporthahn hat einen verkürzten Auslauf, der ein schnelleres Zapfen ermöglicht. Exportbiere benötigen keine hohe und feste Schaumkrone.

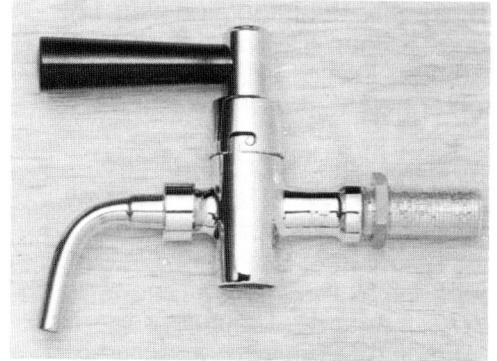

Nach der Verordnung über Getränkeschankanlagen (§ 9) sind „Anlageteile, die abwechselnd mit Getränken und mit der Luft in Berührung kommen, täglich mindestens einmal zu reinigen."

Arbeitsschritte:
Alle Teile der Zapfeinrichtung auseinandernehmen und mit warmem Wasser und Reinigungsmittel gründlich innen und außen reinigen.

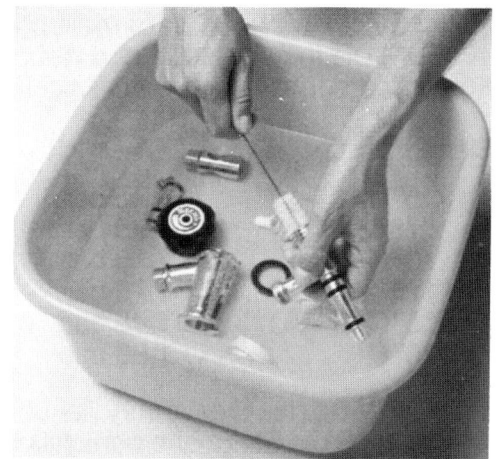

Eine geeignete Bürste benutzen, die ausschließlich zu diesem Zweck verwendet wird. Ausgiebig mit warmem und kaltem Wasser nachspülen.

Die Bierschankanlage

2.2.5 Anstechen von Bierfässern

Beim Anstechen eines Fasses ist darauf zu achten, daß kein überlaufendes Bier über das Faß oder über den Boden läuft. Daher sollte man ein sauberes und saugfähiges Tuch um das Spundloch legen.

Arbeitsschritte:
Zapfloch mit klarem Wasser und einer Bürste oder einem sauberen Tuch reinigen.
Anstichrohr mit klarem Wasser reinigen.
Bierleitung zur Zapfsäule mit klarem Wasser durchspülen.
Obere Flügelmutter des Anstichkörpers lockern und das Anstichrohr hochziehen.

Anstichkörper auf das Faß aufsetzen, und untere Flügelmutter durch Rechtsdrehung fest anziehen.

Anstichrohr mit einem kurzen Ruck in das Faß einführen.

Bierleitung und Kohlensäureschlauch anschließen.

Absperrhahn zur Kohlensäure und Bierleitung öffnen.

Die meisten Brauereien benutzen heute das sogenannte Keg-Faß aus Aluminium oder rostfreiem Edelstahl. Beim Keg-Faß ist das Anstechen noch einfacher, da das Fitting nur mit einem Zapfkopf verbunden wird.

Merke:
Das Fitting besteht aus Fittingrohr (Füll- oder Zapfrohr) und Ventil mit Ventilgehäuse, Feder und Dichtungen. Es wird mit einem Drehmomentschlüssel in den Gewindestutzen des Kegs eingeschraubt und kann nur mit Gewalt gelöst werden.

Arbeitsschritte:
Ventil der Bierleitungen schließen, damit kein Bier aus den Leitungen fließen kann.

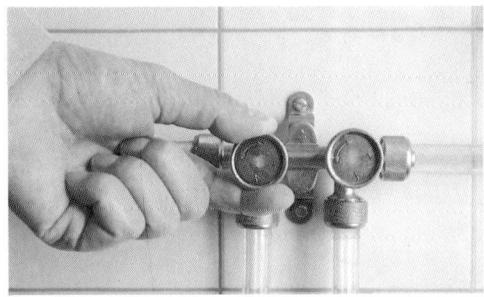

Zapfkopf aufsetzen

und am Fitting festdrehen.

Leitungen am Zapfkopf anschrauben.

Handrad bis zum Anschlag im Uhrzeigersinn aufdrehen.

Ventil der Bierleitungen wieder öffnen.

Die Bierschankanlage **223**

2.2.6 Zapfen von Bier

Beim Ausschank von Bier ist darauf zu achten, daß das Glas kalt ist (eventuell vorher im kalten Wasser ausspülen).

Arbeitsschritte:
Zum Anzapfen des Bieres das Glas schräg unter den Bierhahn halten und den Hahn ganz öffnen.
Das ausfließende Bier muß an der Innenseite des Glases einlaufen, damit nicht zuviel Schaum entsteht.

Glas füllen und abstellen.
Hat sich der Schaum gesetzt, das Glas wieder unter den Hahn halten und auffüllen.

Merke:
Hierbei den Bierhahn nur zur Hälfte öffnen, damit das einfließende Bier die Schaumkrone hochdrückt.

Vor der Ausgabe des Bieres die Schaumkrone nochmals hochdrücken.
Das fertige Bier sofort servieren, damit es mit der schönen Schaumkrone zum Gast kommt.

Merke:
Bier, das über Nacht in der Leitung stand, schmeckt schal („Nachtwächter"). Daher die ersten zwei gezapften Gläser wegschütten.

2.3 Milchgetränke

Je nach Art der Zutaten wie z.B. Fruchtsäfte, Früchte, Eier, Speiseeis, kann ein Milchgetränk im Shaker geschüttelt oder im Rührglas gerührt werden. Bei gerührten Milchgetränken empfiehlt es sich, einen Elektro-Mixer, den „Blender", zu verwenden.

2.3.1 Einfache Milchmixgetränke

Bei einfachen Milchmixgetränken wird die Milch nur mit Fruchtsaft bzw. Fruchtstücken vermischt. Man bereitet sie entweder im Shaker zu, z.B. bei ausgepreßten Orangen oder Zitronen, oder im Rührglas bzw. dem Elektro-Mixer zu, etwa bei Bananen oder Himbeeren.

Geschüttelte Milk-Shakes

Orangen-Shake

Rezeptur für 1 Shake	und	Vorbereitungsarbeiten
80 bis 100 g Orangensaft		2 Orangen auspressen und den Saft in eine Karaffe geben
150 g kalte Milch		abmessen und in eine Karaffe geben.
2 Barlöffel Zucker		Zuckerschale bereitstellen.
3 bis 4 Stücke Roheis		in ein Schälchen geben.

Mise en place:
Shaker, Fruchtpresse, Schneidebrett, Messer, Zuckerschale mit Zucker, Barlöffel, Schälchen mit Roheis, Karaffe mit der Milch, Karaffe mit dem Orangensaft, hoher Tumbler.

Arbeitsschritte:
Zucker, Orangensaft, Milch und Glas bereitstellen. 3 bis 4 Stücke Roheis in den Shaker geben. 2 Barlöffel Zucker in den Shaker geben. Orangensaft in den Shaker gießen. Kalte Milch dazugießen. Shaker schließen und fest schütteln.
Merke:
Um ein Gerinnen der Milch zu vermeiden, muß schnell vorgegangen werden!

In das bereitgestellte Glas seihen.
Trinkhalm dazugeben und sofort servieren.

Gerührte Milchgetränke

Bananen-Milch

Rezeptur für eine Portion	und	Vorbereitungsarbeiten
1 Banane		Banane schälen und in Stücke schneiden. Die Stücke mit etwas Zitronensaft beträufeln.
1 Barlöffel Zucker		Zuckerschale bereitstellen.
$1/8$ l bis $1/4$ l kalte Milch		Milch gut kühlen und in eine Karaffe geben.

Arbeitsschritte:

Becher aus dem Elektro-Mixer nehmen. Bananenstücke in den Becher geben. Einen Barlöffel Zucker über die Bananenstücke geben. Je nach gewünschter Stärke $^1/_8$ l bis $^1/_4$ l kalte Milch darübergießen. Rührbecher in den Elektro-Mixer zurückstellen. Rührstab in Bewegung setzen. Ca. 10 Sekunden gut und schnell mischen. Becher aus dem Elektro-Mixer herausnehmen. Bananen-Milch in das bereitgestellte Glas gießen. Mit Trinkhalm und Kaffeelöffel servieren.

2.3.2 *Egg Noggs*

Egg Noggs sind Milchmixgetränke, die außer Früchten immer ein frisches Ei (Trinkei) enthalten. Diese geben dem Milchgetränk eine höhere Konsistenz und sollen den Geschmack abrunden.

Zur Geschmacksverbesserung kann auch Alkohol wie Cognac, Rum, Liköre und Obstbranntweine dazugegeben werden.

Egg Noggs werden in einem großen Tumbler mit Barlöffel und Trinkhalm serviert.

Mise en place:

Arbeitsgeräte:

Shaker bzw. Elektro-Mixer („Blender"), Schneidebrett, Messer, Fruchtpresse, Zuckerschale, Barlöffel, Karaffen, Gläser.

Rohstoffe:

Milch, Früchte, Säfte, Sirups, Zucker, Eier, Muskatnuß, evtl. verschiedene Alkoholika.

Vorbereitungsarbeiten:

Je nach Art, die Früchte auspressen oder zerkleinern, Milch gut kühlen, benötigte Geräte und Rohstoffe bereitstellen.

Zubereitung im Shaker

Arbeitsschritte:

Zucker, den gewünschten Fruchtsaft (siehe Abschnitt Einfache Milchgetränke), Milch, Trinkei und Glas bereitstellen.

3 bis 4 Stücke Roheis in den Shaker geben.

Je nach Fruchtsaft 1 bis 4 Barlöffel Zucker in den Shaker geben.

Trinkei aufschlagen und in den Shaker geben.

Fruchtsaft dazugeben (z.B. 80 bis 100 g Orangensaft).

150 g kalte Milch darübergießen.

Mit 2 cl Cognac, Rum oder Likör aromatisieren.

Shaker schließen und fest schütteln.

In das bereitgestellte Glas seihen.

Eine Prise Muskatnuß auf das Getränk reiben.

Sofort servieren.

Merke:
Damit sich feste Stoffe wie Eier und Zucker besser lösen und verteilen, werden sie zuerst in den Shaker gegeben, dann die Flüssigkeiten wie Saft, Milch usw.

Zubereitung im Elektro-Mixer

Rührbecher aus dem Elektro-Mixer nehmen.

Obststücke, das aufgeschlagene Trinkei, Zucker, $1/8$ l bis $1/4$ l kalte Milch (je nach gewünschter Stärke), evtl. 2 cl Alkohol in den Rührbecher geben.

Rührbecher in den Elektro-Mixer zurückstellen.

Rührstab in Bewegung setzen.

Ca. 15 Sekunden gut und schnell mischen.

Becher aus dem Elektro-Mixer herausnehmen.

Egg Nogg in das bereitgestellte Glas gießen.

Eine Prise Muskatnuß auf das Getränk reiben.

Sofort servieren.

2.3.3 Frappés

Frappés sind mit Speiseeis vermischte Milchmixgetränke, sie werden im Elektro-Mixer gerührt.

Speiseeis bringt folgende Vorteile:

Speiseeis erspart die Kühlung durch Roheis, dadurch besteht keine Gefahr der Verwässerung,

Speiseeis ist ein besonderer Geschmacksträger und gibt dem Milchgetränk eine harmonische Abrundung.

Mise en place:

Arbeitsgeräte:

Elektro-Mixer, Schneidebrett, Messer, Fruchtpresse, Zuckerschale, Barlöffel, Karaffen, Gläser.

Rohstoffe:

Speiseeis, Milch, Früchte, Säfte, Sirups, Zucker, evtl. Eier, Schokolade usw.

Vorbereitungsarbeiten:

Je nach Art, die Früchte auspressen oder zerkleinern, Milch gut kühlen, benötigte Geräte und Rohstoffe bereitstellen.

Arbeitsschritte:

Je nach gewünschtem Frappé: Entsprechendes Speiseeis in den Rührbecher geben. Zucker (je nach Geschmack) dazugeben. Saft, Sirup bzw. Früchte usw. dazugeben. Je nach gewünschter Stärke kalte Milch dazugießen. Rührbecher in den Elektro-Mixer stellen. Ca. 15 Sekunden gut mischen. Becher aus dem Elektro-Mixer herausnehmen. Frappé in das bereitgestellte Glas gießen. Sofort servieren.

Merke:
Die Festigkeit des Frappés kann durch ein Eigelb erhöht werden.

2.4 Herstellen von Aufgußgetränken

2.4.1 *Kaffee*

Was beeinflußt Geschmack und Aroma des Kaffees?
Für Geschmack und Aroma des Kaffees sind folgende Faktoren ausschlaggebend:
Kaffeepulver, Wasserqualität, Brühtemperatur

Kaffeepulver

Das verwendete Kaffeepulver hat den größten Einfluß auf die Qualität des Kaffees. Maßgebend sind:
die Qualität der Kaffeebohne
der Mahlgrad des Kaffeepulvers
die Menge des Kaffeepulvers

Der Mahlgrad beeinflußt die Qualität des Kaffees, d.h., das Kaffeepulver muß so fein gemahlen sein, daß das Wasser nicht zu schnell durchlaufen kann. Andernfalls würde das Kaffeepulver nicht optimal ausgenutzt und der Kaffee hätte folglich weniger Aroma.

Merke:
Durch das Mahlen wird Aroma freigelegt, das schnell verflüchtigt. Daher sollte insbesondere gemahlener Kaffee nur in gut verschlossenen Gefäßen aufbewahrt werden. Aus diesem Grunde werden in der Praxis kleine Packungen verwendet, die der Boilergröße entsprechen.

Durchschnittlich verwendet man:
pro Tasse:
6 bis 8 Gramm Kaffeepulver
pro Portion:
14 bis 20 Gramm Kaffeepulver
Hierbei kommt es auch auf das verwendete Geschirr an. Es gibt Kännchen, die 2 Tassen und solche, die $2^1/_2$ Tassen beinhalten.
pro Liter:
50 bis 60 Gramm Kaffeepulver, wobei man auf einen Liter durchschnittlich 8 Tassen rechnet.
Anmerkung:
In der Praxis gibt es hierfür spezielle Portionierer!

Wasserqualität und Brühtemperatur

Durch das verwendete Wasser wird die Qualität des Kaffees beeinflußt. Zu hartes Wasser beeinträchtigt Aroma und Geschmack und erfordert zudem eine regelmäßige Entkalkung der Maschinen. Weiches Wasser laugt das Kaffeepulver besser aus und fördert somit das Aroma.

Zur Zubereitung von Kaffee ist kochendes Wasser erforderlich. Die optimale Brühtemperatur liegt bei 96 °C bis 98° C. Bei geringerer Temperatur lösen sich die Inhaltsstoffe des Kaffees nur unvollständig, so daß das Kaffeepulver nicht voll ausgenutzt wird.

Zubereitungsverfahren — Kaffee

Das Aufbrühen

Das älteste Verfahren der Kaffeezubereitung ist das Aufbrühen.

Arbeitsschritte:
Kaffeepulver je nach gewünschter Tassenzahl in die vorgewärmte Kanne geben.
Mit kochendem Wasser übergießen, und zwar in 2 bis 3 Aufgüssen.
Etwa 3 bis 6 Minuten ziehen lassen. Dabei werden Farb-, Geschmacks- und Aromastoffe ausgesogen.

Merke:
Warmstellen! (Wasserbad)
Feste Bestandteile setzen sich ab.

Mit Kaffeesieb servieren.

Vorteile:
Die Geschmacks- und Aromastoffe werden vollständig gelöst, da die Oberfläche des Kaffeepulvers größer ist als in einem Filter und das Wasser besser die Inhaltsstoffe erreicht.
Durch zusätzliches Umrühren wird ein besseres Verteilen des Pulvers in der Flüssigkeit erreicht.
Der Kaffee bekommt eine dunkelbraune Farbe und ein volles Aroma.

Nachteile:
Der Kaffee wird trübe. Bei zu langem Ziehen lösen sich die Bitterstoffe. Der Kaffeesatz wird nicht vollständig im Kaffeesieb aufgefangen.

Das Filtern

Bei Verwendung eines Filters (Porzellan, Plastik, Aluminium) ist die Methode grundsätzlich die gleiche wie beim Aufbrühen.

Vorteile:
Das Wasser wird nicht mit Kaffeepulver durchsetzt, d.h., der Kaffeesatz wird sofort getrennt.
Der Kaffee bleibt klar.

Nachteil:
Es ist mehr Kaffeepulver erforderlich als beim Aufbrühen. Die Oberfläche des Kaffeepulvers ist geringer als beim Aufbrühen, so daß ein vollständiges Auslaugen des Kaffees nicht möglich ist.

Herstellen von Aufgußgetränken

Arbeitsschritte:
Filterpapier in den Kegelfilter geben.
Filterpapier mit heißem Dampf anfeuchten (bessere Lage).
Gewünschte Menge Kaffeepulver einstreuen.
Filter auf die vorgewärmte Kanne setzen.
Mit kochendem Wasser langsam übergießen und zudecken.

Merke:
Das Wasser darf nicht zu schnell durchlaufen.

Kanne warmstellen (heißes Wasserbad).

Zubereitung mit der Kaffeemaschine

Kaffeemaschinen arbeiten entweder nach dem Aufbrühsystem (maschinelles Filtern) oder nach dem Druckfiltrationsverfahren.

Maschinelles Filtern

Die Heißwasserzubereitung und das Filtern erfolgen gleichzeitig. In einem Durchlauferhitzer wird kochendes Wasser hergestellt und über ein Durchlaufrohr zum Kegelfilter geleitet.

Arbeitsschritte:

Gewünschte Wassermenge in die Maschine füllen.

Filterpapier in den Filter geben.

Entsprechende Menge Kaffeepulver in den Filter geben.

Filter auf die Kanne setzen.

Maschine einschalten.

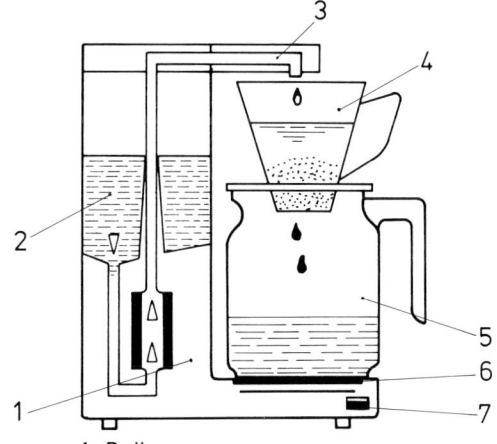

1 Boiler
2 Wassermenge für die gewünschte Tassenzahl
3 Umlaufrohr
4 Filter mit Kaffeepulver
5 Kaffeekanne
6 Wärmeplatte
7 Einschaltknopf

Wasser wird erhitzt und zum Filter geleitet. Nach Beendigung des Brühvorganges schaltet sich die Maschine selbständig ab.

Druckfiltration

Diese Maschinen arbeiten nach dem Druckbrühsystem, d.h. im Unterschied zu den Haushaltsmaschinen wird das kochende Wasser mit Druck durch das Kaffeepulver gedrückt. Durch den Druck wird eine bessere Ausnutzung des Kaffeepulvers erreicht.

Diese Maschinen sind mit verschiedenen Brüheinrichtungen ausgestattet wie z.B. Einzeltassen, Portionen, Boiler.

Vorteile:
Leichtere Arbeitsweise.
Schnelleres Arbeiten.
Der Kaffee bleibt heiß, d.h. Vorbereiten größerer Mengen möglich.
Bessere Ausnutzung des Kaffeepulvers durch den Druck von 1,2 bis 1,8 bar.
(Espresso-Maschinen: besonders starke Ausnutzung durch noch höheren Druck – aber auch Bitterstoffe lösen sich). Kleinere Mengen an Kaffeepulver.

Nachteile:
Aromaverlust durch längeres Stehen.
Verbrühungsgefahr, z.B. nicht sachgemäßes Einspannen.
Öfteres Entkalken bei häufigem Gebrauch notwendig.

Maschinen mit Druckfiltration sind so konstruiert, daß ihnen sowohl heißes Wasser als auch Dampf entnommen werden kann. Beides – heißes Wasser und Dampf – sind zur Teezubereitung und zum Erhitzen anderer Getränke erforderlich.

Spezialzubereitungen
Mokka

Zum Herstellen von Mokka ist eine erhöhte Menge an Kaffeepulver erforderlich. Mokka wird aus Tassen und Kännchen getrunken, die weitaus kleiner sind als bei normalem Kaffee.

Für eine Portion Mokka rechnet man 20 bis 30 Gramm Kaffeepulver. Beim Aufbrühen ist es zweckmäßig, zwei Filterpapiere zu verwenden, der Durchlauf wird somit verzögert, und der Mokka wird aromatischer.

Zum Service des Mokkas gehören:
frische Sahne (flüssig und/oder geschlagen),
kleine Zuckerwürfel oder Streuzucker,
klares, frisches Wasser,
eventuell Gebäck.

Cappuccino

Folgende Arbeitsschritte haben sich bei der Zubereitung eines Cappuccinos durchgesetzt:
Starken Kaffee bis ca. 2 cm unter den Tassenrand eingießen.
Eine Haube aus Schlagsahne aufsetzen.
Kakaopulver bzw. Schokoladenstreusel aufstreuen.

Merke:
Als Variation kann man den Kaffee mit einer Prise Zimt würzen oder dem Kaffee bei der Zubereitung etwas Schokoladenpulver zufügen.
Bei der Originalzubereitung wird heiße Milch schaumig geschlagen, diese wird zu gleichen Teilen mit Kaffee vermischt und in eine Tasse gegeben. Sahnehaube aufsetzen und mit Kakaopulver bestreuen.

Besonders beliebt sind Spezialzubereitungen von Kaffee, bei denen Alkohol verwendet wird. Die bekanntesten und verbreitesten Spezialkaffees sind:
Rüdesheimer Kaffee
Irish Coffee

Rüdesheimer Kaffee

Rezeptur	und	Vorbereitungsarbeiten
2 bis 3 Stücke Würfelzucker		Zuckerschälchen und Zuckerzange richten.
4 cl Asbach Uralt		Die Flasche Asbach Uralt geöffnet in einem Wasserbad auf 50 °C erhitzen, damit er sich später leichter entzünden läßt.
		Zur besseren Portionierung empfiehlt es sich, die 4 cl Portionsfläschchen zu verwenden.
Starker Kaffee		Starken Kaffee zubereiten, wobei pro Tasse ca. 10 g Kaffeepulver gebraucht werden.
Vanillegewürzten Zucker (evtl. Vanillinzucker)		Vanillegewürzten Zucker (evtl. Vanillinzucker) in die Sahne geben und diese steif schlagen.
Schlagsahne		Die Schlagsahne in einem Schälchen anrichten.
Schokoladenstreusel		Blockschokolade raspeln und in einem Schälchen richten.

Mise en place:

Rüdesheimer Kaffeetasse gut anwärmen.

Würfelzucker, Asbach Uralt, Kännchen Kaffee, Schlagsahne und Schokoladenstreusel bereitstellen.

Langes Streichholz und Rührlöffel bereitlegen.

Arbeitsschritte:

2 bis 3 (je nach Größe) Stücke Würfelzucker in die angewärmte Tasse geben.

4 cl des erhitzten Asbach Uralt darübergießen und mit einem langen Streichholz anzünden, damit die aus der Tasse hochschlagende Flamme nicht die Hand verbrennt.

1 bis 2 Minuten brennen lassen und gleichzeitig umrühren.

Merke:
So lange rühren, bis sich der Zucker restlos aufgelöst hat!

Herstellen von Aufgußgetränken

Kaffee bis etwa 2 cm unter den Tassenrand auffüllen.

Sahnehaube aufsetzen.

Mit Schokoladenstreusel bestreuen.

Prinzip des Rüdesheimer Kaffees

Der Kaffee wird durch den flambierten Weinbrand geschmacklich verändert. Durch das Flambieren geht ein Teil des Alkohols verloren. Gleichzeitig erhält der Kaffee ein geschmackvolles Aroma. Der Rüdesheimer Kaffee wird durch die Sahnehaube „hindurchgetrunken". Daher auf keinen Fall umrühren!

Service:
Rüdesheimer Kaffee wird
ohne Löffel und
ohne Trinkhalm serviert!

Irish Coffee

Die fachgerechte Zubereitung des Irish Coffee kann auf zwei Arten geschehen:
1. Am Büfett – ohne Rechaud – entspricht dem irischen Original.
2. Am Tisch des Gastes auf einem Irish Coffee Rechaud – womit ein gewisser Schaueffekt erzielt wird.

Rezeptur	und	Vorbereitungsarbeiten
1 bis 1½ Barlöffel Rohrzucker		Zuckerschale und Barlöffel bereitstellen.
4 cl irischer Whiskey		Whiskeyflasche und Meßglas bereitstellen.
Starker Kaffee (evtl. Mokka)		Starken, steifen Kaffee bzw. Mokka zubereiten. Pro Tasse ca. 15 g Kaffeepulver verwenden.
Sahne		Sahne anschlagen, jedoch nicht steif.

Prinzip des Irish Coffee

Im Gegensatz zum Rüdesheimer Kaffee ist der Alkohol wesentlicher Bestandteil des Irish Coffee. Wegen des erwünschten hohen Alkoholgehalts darf nicht flambiert werden, da sonst Alkohol verloren geht!

Beim Trinken des Irish Coffee ist Folgendes zu beachten:
Erst die kalte – eventuell etwas gesüßte – Sahne trinken, dann den scharfen Alkohol und den heißen starken Kaffee.

Zubereitung des Irish Coffee

1. Original-Zubereitung am Büfett

Mise en place:
Irish Whiskey
Meßglas
Kaffee bzw. Mokka
Rohrzucker
Angeschlagene Sahne
Irish Coffee-Glas
Löffel

Arbeitsschritte:
Erhitztes Irish Coffee-Glas bereitstellen.
Einen gut gehäuften Barlöffel bzw. Kaffeelöffel Rohrzucker in das Glas geben.
(Je nach Stärke des Kaffees evtl. 1½ Löffel.)

Herstellen von Aufgußgetränken

Mit dem heißen, starken Kaffee aufgießen.

Zucker durch Umrühren ganz auflösen.

4 cl irischen Whiskey dazugießen. Das spezifische Gewicht des Whiskeys ist geringer als das des Kaffees, der Whiskey schwimmt daher auf dem Kaffee.

Nicht flambieren!
(Siehe Prinzip des Irish Coffee!)

Angeschlagene Sahne vorsichtig über einen Löffelrücken dazugeben.

Merke:
Die Sahne darf sich nicht mit dem Whiskey und dem Kaffee vermischen!

2. Irish Coffee am Tisch zubereitet

Bei dieser Zubereitungsart befolgt man eine andere Reihenfolge der Arbeitsschritte. Im Vordergrund steht ein gewisser Schaueffekt, der auch von Gästen gewünscht wird.

Mise en place auf dem Beistelltisch:
Irish Coffee Rechaud
Erhitztes Irish Coffee-Glas
Schale mit Rohrzucker
Barlöffel bzw. Kaffeelöffel
Irish Whiskey/Flasche und Meßglas
Kännchen mit starkem Kaffee bzw. Mokka
Schale mit angeschlagener Sahne
Löffel

Arbeitsschritte:
Einen gut gehäuften Barlöffel Rohrzucker (bzw. $1^1/_2$ Löffel) in das Glas geben.
Glas in das Rechaud legen.

4 cl irischen Whiskey dazugeben.

Herstellen von Aufgußgetränken

Rechaud anzünden und den Whiskey erwärmen.
Dabei das Glas drehen, bis sich der Zucker gelöst hat.

Glas aus dem Rechaud nehmen.
Mit dem heißen, starken Kaffee auffüllen.

Angeschlagene Sahne vorsichtig über den Löffelrücken dazugeben.

Merke:
Die Sahne darf sich nicht mit dem Whiskey und Kaffee vermischen!

Service:
Der Irish Coffee wird
ohne Trinkhalm (Heißgetränk) und
ohne Löffel serviert!

2.4.2 Tee

Was beeinflußt Geschmack und Aroma des Tees?
Für Geschmack und Aroma des Tees sind folgende Faktoren ausschlaggebend: Qualität des Tees, Wasserqualität, Aufbewahrung, Teegefäße

Qualität des Tees
Der verwendete Tee hat den größten Einfluß auf die Qualität des Getränks. Entscheidend sind:
die Qualität der Teesorte
die Form des Tees
die Teemenge

Die Teemenge beträgt:
1,5 bis 2 Gramm pro Tasse bzw. Glas.
2 bis 4 Gramm pro Portion.

Die Teemenge richtet sich auch nach der Form des Tees:
Bei Broken-Tee nimmt man einen gestrichenen Teelöffel pro Tasse bzw. Glas.
Bei Blatt-Tee einen gehäuften Teelöffel.

Merke:
Für die Praxis gibt es spezielle Tee-Portionierer.
Die Teemenge darf nicht zu knapp bemessen sein!
Die Teemenge richtet sich auch nach der gewünschten Wirkung (anregende bzw. beruhigende Wirkung)!

Wasserqualität und Brühtemperatur
Durch das verwendete Wasser wird die Qualität des Tees beeinflußt. Zu hartes Wasser beeinträchtigt Aroma und Geschmack des Tees.

Merke:
Je weicher das Wasser, desto besser kann sich der Tee entfalten.

Zum Aufbrühen des Tees sollte man nur frisches, siedendes Wasser verwenden. Die optimale Brühtemperatur liegt bei ca. 95° C. Bei geringerer Temperatur lösen sich die Inhaltsstoffe des Tees nur unvollständig, so daß der Tee nicht sein volles Aroma erreicht.

Aufbewahrung
Tee sollte nur in gut verschlossenen Gefäßen aufbewahrt werden. Gefäße aus Glas oder Porzellan sollten bevorzugt werden.

Merke:
Tee nimmt schnell Fremdgerüche an.
Die Aromabestandteile des Tees verflüchtigen schnell.
Den Tee trocken lagern, da er leicht Feuchtigkeit annimmt.

Teekannen

Geeignet sind bauchige Teckannen aus Porzellan oder Glas, möglichst mit herausnehmbaren Einsatz. Bauchige Teekannen lassen das Teeblatt besser entfalten.

Von der Verwendung von Metallkannen ist abzuraten, da die Inhaltsstoffe des Tees auf Metall einwirken, wodurch der Geschmack des Tees unangenehm beeinflußt wird.

Teekannen sind nur mit klarem Wasser auszuspülen. Die bräunliche Ablagerung, die Patina, die sich durch das Brühen in der Kanne bildet, darf nicht entfernt werden. Auf keinen Fall die Teekannen mit Spülmittel säubern.

Merke:
Es gibt glatte und poröse Teekannen. Bei Kannen aus glattem Material, z.B. glasiertes Porzellan, wird in der Praxis auf jeden Fall mit Spülmittel gespült werden.

Löslichkeit und Wirkung der Inhaltsstoffe

Die Hauptbestandteile des Tees sind das anregende Tein (Koffein) und das beruhigende Tannin.

Tee enthält ferner Gerb- und Bitterstoffe, Säuren und ätherische Öle.

Die Wirkung des Tees kann man schon bei der Zubereitung beeinflussen:

Durch die Zubereitungsart ist es möglich, den Tein- bzw. den Tanningehalt des Tees zu regulieren.

Wird der Tee nur kurz aufgebrüht, d.h. 2 bis 3 Minuten, wirkt er anregend. Der Tee gibt schon in den ersten zwei Minuten des Ziehens fast seinen gesamten Anteil an Tein ab, während die Gerbstoffe erst in den nächsten Minuten mehr und mehr aus dem Tee herausgezogen werden. Das heißt, läßt man den Tee länger ziehen, so löst sich verstärkt Tannin und bindet wieder Teile des Teins.

Länger als 5 Minuten sollte der Tee nicht ziehen, da sich dann die Bitterstoffe lösen und der Tee ungenießbar wird.

Die Inhaltsstoffe des Tees lösen sich beim Aufbrühen in folgender Reihenfolge:

Tein – Farbstoffe – Geschmacks- und Aromastoffe – Gerbstoffe – Bitterstoffe

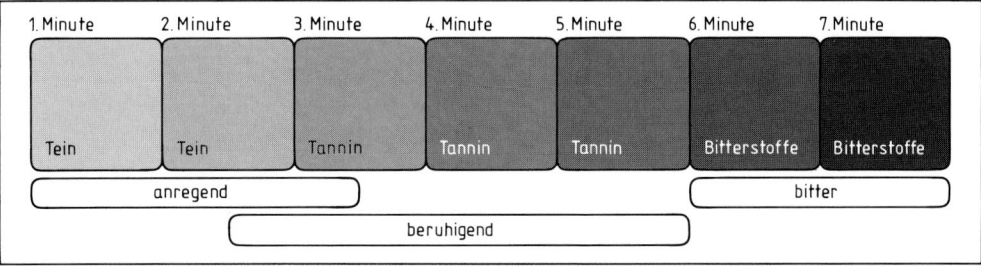

Merke:
Je kürzer der Tee zieht, desto anregender die Wirkung!
Je länger der Tee zieht, desto beruhigender die Wirkung!
Nicht länger als 5 Minuten ziehen lassen!

Die anregende Wirkung des Tees unterscheidet sich von der des Kaffees:
Tee hat einen höheren Gehalt an Koffein (Tein) als Kaffee.
Die anregende, belebende Wirkung des Tees hält bis zu 6 Stunden an, die des Kaffees nur bis zu einer Stunde.
Der Kaffee wirkt stärker auf die Herztätigkeit, der Tee auf das Zentralnervensystem.

Zubereitungsverfahren – Tee

Es gibt mehrere Möglichkeiten der Teezubereitung:
Aufbrühen in der Kanne
Kanne mit Siebeinsatz
Teestrumpf
Tee-Ei
Teebeutel

Aufbrühen in der Kanne

Mise en place:
2 Teekännchen
die gewünschte Teesorte
Teesieb, Teelöffel
frisch siedendes Wasser

Arbeitsschritte:
Entsprechende Menge Tee in eine vorgewärmte Kanne geben.
Frisch siedendes Wasser aufgießen.
Je nach gewünschter Wirkung ziehen lassen
– 2 bis 3 Minuten (anregend) oder
– 4 bis 5 Minuten (beruhigend).
Durch ein feines Sieb in die zweite, vorgewärmte Kanne gießen.
Servieren.

Kanne mit Siebeinsatz

Eine Teekanne mit Einsatzsieb vereinfacht die Teezubereitung.
Arbeitsschritte:
Gewünschte Teemenge in den Siebeinsatz geben.
Siebeinsatz in die vorgewärmte Kanne geben.
Mit frisch siedendem Wasser aufgießen.
Je nach gewünschter Wirkung ziehen lassen.
Siebeinsatz entfernen.
Servieren.

Zubereitung mit dem Teestrumpf

Hier gilt die gleiche Vorgehensweise wie beim Siebeinsatz.
Arbeitsschritte: Kanne mit Siebeinsatz – entsprechend mit Teestrumpf.
Teestrumpf anschließend mit klarem Wasser gut ausspülen.

Herstellen von Aufgußgetränken

Zubereitung mit dem Tee-Ei

Tee-Eier aus Metall oder Plastik sollten grundsätzlich nicht verwendet werden.

Arbeitsschritte:
Entsprechende Menge Tee in das Tee-Ei geben.
Tee-Ei in das vorgewärmte Kännchen geben.
Mit frisch siedendem Wasser aufgießen.
Je nach gewünschter Wirkung ziehen lassen.
Tee-Ei entfernen.
Servieren.

Tee-Eier haben den Nachteil, daß die Teeblätter aus Platzgründen nur ungenügend aufquellen. Das Aroma und die Wirkstoffe des Tees können sich nicht voll entfalten, deshalb werden die Tee-Eier auch weitgehend abgelehnt.

Zubereitung mit dem Teebeutel

Diese Art der Teezubereitung hat sich in der Gastronomie durchgesetzt. Teebeutel haben folgende Vorteile:

Genau abgemessene Mengen.
Exakte Kontrolle und Kalkulation möglich.
Der Gast kann die Ziehdauer und damit die gewünschte Wirkung selbst bestimmen.
Heißes Wasser kann von allen Seiten an den Teebeutel heran.
Ausgelaugte Teeteile bleiben im Beutel.

Mise en place:
Teekännchen oder Teeglas/Tasse
Teebeutel mit Untersatz
Frisch siedendes Wasser

Arbeitsschritte:
Glas (Tasse, Kännchen) mit frisch siedendem Wasser füllen.
Teebeutel hineingeben.
Je nach gewünschter Wirkung ziehen lassen.
Teebeutel entfernen.

Service:
Beim Service ist darauf zu achten, daß der Teebeutel à part serviert wird. Der Gast kann selbst bestimmen, welche Wirkung sein Tee haben soll. Eine Ablage für den Teebeutel darf nicht fehlen!

Merke:
Bei allen beschriebenen Verfahren ist darauf zu achten, daß alle Tassen oder Kännchen gut vorgewärmt sind!
Die Zutaten, die beim Tee mitgereicht werden, sind für alle Verfahren die gleichen.
Man serviert zum Tee:
Sahne, Milch oder Zitrone, Zucker, Rohrzucker, Kandiszucker, Süßstoff.

Spezialzubereitungen

Bei der Spezialzubereitung von Tee unterscheidet man zwischen kalten und heißen Teegetränken.

Heiße Teegetränke

Schottischer Tee

Zutaten: Tee, Whisky, Zucker, Sahne

Vorbereitungsarbeiten:
Starken Tee aufbrühen (2 bis 3 Teelöffel pro Glas).
Whisky bereitstellen.
Zucker (Streuzucker) bereitstellen.
Sahne steif schlagen.

Arbeitsschritte:
Einen gehäuften Kaffeelöffel Zucker in die angewärmte Tasse/Glas geben.
3 cl Whisky dazugeben.
Je nach gewünschter Stärke mit dem heißen, starken Tee zu $^2/_3$ bis $^3/_4$ auffüllen.
Umrühren bis sich der Zucker restlos aufgelöst hat.
Einen guten Eßlöffel voll Schlagsahne aufsetzen.
Durch die Sahnehaube hindurch trinken.
Service:
Schottischer Tee wird ohne Löffel und ohne Trinkhalm serviert.

Kalte Teegetränke

Champagner-Tee

Zutaten: Tee, Würfelzucker, Zitronen, trockener Champagner bzw. Sekt

Arbeitsschritte:
4 gut gehäufte Teelöffel Tee mit $^1/_4$ Liter frisch siedendem Wasser auffüllen.
10 Stücke Würfelzucker dazugeben und verrühren.
5 Minuten ziehen lassen.
Tee absieben.
Saft einer halben Zitrone dazugeben.
Schale einer ganzen (ungespritzten!) Zitrone in die Flüssigkeit geben und kaltstellen.

Service:
Gefäß mit dem kalten Tee mit zwei Flaschen Champagner bzw. Sekt auffüllen.
3 bis 4 Scheiben Zitrone dazugeben.
Mit einer Kelle in die vorbereiteten, kalten Gläser einschenken.

2.4.3 Kakao und Schokolade

Zur Herstellung von Kakao- und Schokoladen-Aufgußgetränken wird heiße Milch und Kakao- bzw. Schokoladenpulver oder Blockschokolade verwendet.

Was beeinflußt Geschmack und Aroma von Kakao und Schokolade?
Für Geschmack und Aroma des Kakao- bzw. des Schokoladengetränks sind maßgebend:
Art und Menge der Rohstoffe (Kakaopulver, Schokoladenpulver, Blockschokolade)
Aufbewahrung

Art der Rohstoffe
Verwendet werden:
Kakaopulver
Schokoladenpulver
Blockschokolade

Kakaopulver
Kakaopulver ist bitter und dunkelbraun in der Farbe. Je nach Stärke der Abpressung der Kakaomasse erhält man schwach oder stark entölten Kakao.

Schokoladenpulver
Schokoladenpulver ist hellbraun und mit Zucker angereichert. Wegen des Zuckergehalts neigt das Schokoladenpulver weniger zur Klumpenbildung als das Kakaopulver.

Blockschokolade
Blockschokolade wird geraspelt und geschmolzen. Sie ist so süß, daß auf Zucker verzichtet wird.

Zur Herstellung einer Portion Kakao bzw. Schokolade verwendet man 20 bis 25 Gramm Kakao- bzw. Schokoladenpulver.

Aufbewahrung
Kakao- bzw. Schokoladenpulver sollten nur in gut verschlossenen Gefäßen aufbewahrt werden. Geeignet sind lichtundurchlässige Gefäße, z.B. Gefäße aus Porzellan.

Durch seinen Anteil an Stärke zieht Kakao leicht Feuchtigkeit an, deshalb darf das Pulver keinen starken Temperaturschwankungen ausgesetzt werden.

Merke:
Feuchtigkeit und Wärme begünstigen Schimmelbildung und unangenehme Geruchsbildung (Ranzigwerden der Fettbestandteile).
Kakaopulver nimmt schnell fremde Gerüche an, daher nicht in der Nähe stark riechender Waren aufbewahren.

Zubereitung von Kakao- und Schokoladengetränken

Kakao

Zum Herstellen einer Portion Kakao verwendet man 20 bis 25 Gramm Kakaopulver. Da das Kakaopulver leicht zur Klumpenbildung neigt, wird es mit etwas kalter Milch zu einem dünnen, glatten Brei verrührt.

Arbeitsschritte:
Kakaopulver mit etwas kalter Milch zu einem glatten Brei verrühren.
Milch aufsetzen und zum Kochen bringen.
Die kochende Milch über den Kakaobrei geben und gut verrühren.

Service:
Kännchen und Tassen gut anwärmen.
Streuzucker dazugeben, da er sich besser auflöst als Würfelzucker.
Zur Verfeinerung frische Sahne und/oder Schlagsahne dazugeben.

Blockschokolade

Vorbereitungsarbeiten:
Blockschokolade raspeln
Milch aufsetzen und erwärmen

Arbeitsschritte:
25 g geraspelte Blockschokolade in einem Topf erwärmen und zum Schmelzen bringen, am besten in einem Wasserbad, dadurch wird ein Anbrennen vermieden!
Mit etwas Milch glattrühren.
Mit warmer Milch auffüllen.
Schokoladengetränk unter ständigem Rühren zum Sieden bringen.
In das angewärmte Kännchen bzw. die angewärmte Tasse füllen.
Heiße Schokolade mit flüssiger und/oder Schlagsahne servieren.

Merke:
Aufgelöste Blockschokolade ist so süß, daß auf die Zugabe von Zucker verzichtet wird!

Schokoladenpulver

Die erforderliche Menge Schokoladenpulver (ebenfalls 20 bis 25 Gramm) direkt in die Milch geben.

Arbeitsschritte:
Benötigte Menge Schokoladenpulver in die Tasse (Glas, Kännchen) geben.
Je nach Wunsch mit kalter, warmer oder heißer Milch aufgießen.
Gut verrühren.

Service:
als Kaltgetränk ohne jede Beilage (eventuell mit Trinkhalm).
als Heißgetränk mit etwas frischer und/oder geschlagener Sahne.

3 Bar

Im Hotel- und Gaststättengewerbe hat die Bar ihre Bedeutung als:
selbständiger Betrieb, Bestandteil eines Hotels (Hotelbar)
Bestandteil eines größeren Restaurants (Restaurantbar)

3.1 Barmaße

In der Bar mißt man nach international geltenden Maßen den Flüssigkeitsgehalt der Flaschen und Getränke in Gramm. In der Bundesrepublik Deutschland mißt man vielfach den Inhalt eines Glases bzw. einer Flasche in Centiliter (cl).

Das übliche Maß für einen Cocktail ist 50 Gramm (5 cl). Dieses 50-g-Maß ist, mit wenigen Ausnahmen, das Grundmaß für den alkoholischen Inhalt fast aller Mixgetränke.

Die wichtigsten Maße sind:
Gallon (Nach der Menge unterscheiden sich die englische und die amerikanische Gallone:
  — England: 1 gallon = 4,5 l
  — USA: 1 gallon = 3,8 l)
1 Liter: 1000 g — 100 cl
1 ounce (Unze):   25 g — 2,5 cl
1 Eßlöffel: ca. 15 g — 1,5 cl
1 Barlöffel: ca. 5 g — 0,5 cl
1 dash (Spritzer aus der Spritzflasche): ca. 1 g — 0,1 cl

3.2 Arbeitsgeräte in der Bar

Um ein fachgerechtes Herstellen und Servieren der Bargetränke zu ermöglichen, muß die Bar mit einer Reihe von Arbeitsgeräten ausgestattet sein, die als „Handwerkszeug" des Barman bezeichnet werden können.

Folgende Arbeitsgeräte sollten in der Bar bereitstehen:

Shaker   Rührglas   Barsieb   Barlöffel

Spritzflasche   Meßbecher   Meßglas   Eisschaufel

Eiskübel   Eiszange   Trinkhalmbehälter

Arbeitsgeräte in der Bar

Karaffen offen

Karaffen geschlossen

Fruchtpresse

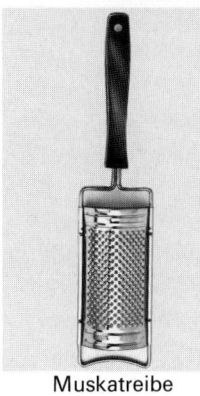
Muskatreibe

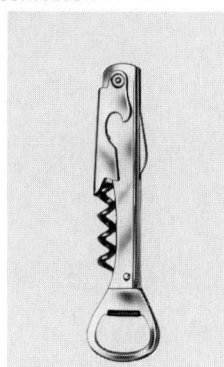
Flaschenöffner

Früchteglas

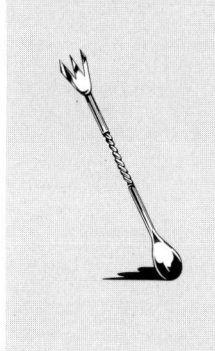
Früchtespieß

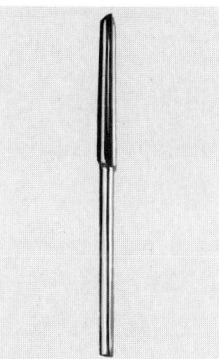
Schneidemesser

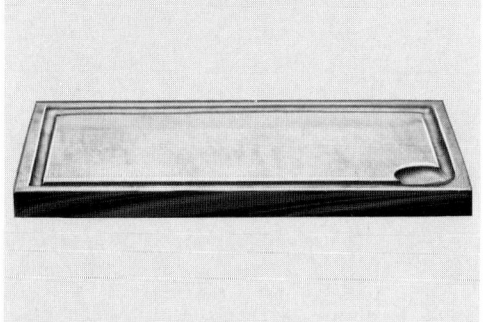
Schneidebrett

Dosenöffner

3.3 Bargetränke

Da die internationale Barsprache englisch ist, sind auch die Fachausdrücke für die verschiedene Getränkekategorien englisch.

Es gibt folgende Bezeichnungen:

Before dinner drinks, d.h. Getränke vor dem Essen
After dinner drinks, d.h. Getränke nach dem Essen
Short drinks, d.h. kurze Getränke
Long drinks, d.h. lange Getränke
Cocktails, d.h. Mixgetränke

3.3.1 Before dinner drinks

Getränke, die vor dem Essen eingenommen werden und appetitanregend wirken, d.h. Aperitifs, werden als before dinner drinks bezeichnet.

Dazu gehören:

trockene und halbtrockene Cocktails, z.B. Martini Cocktail, Manhattan Cocktail.
trockene und halbtrockene Südweine, z.B. Sherry, Portwein.
Vermouths, z.B. Martini, Campari.
Aperitifweine, z.B. Dubonnet, St. Raphael.
Anisgetränke, z.B. Pernod, Ricard.

3.3.2 After dinner drinks

Darunter versteht man Getränke, die nach dem Essen eingenommen werden und verdauungsfördernd wirken, d.h. Digestifs.

Dazu gehören:

Weinbrände, z.B. deutsche Weinbrände, Cognac, Armagnac.
Edelbranntweine, z.B. Kirschwasser, Himbeergeist.
Liköre auf Basis von Kräutern, z.B. Benediktiner, Chartreuse.
Bitterliköre, z.B. Underberg, Fernet Branca.

Before und after dinner drinks lassen sich wieder unterteilen in:

short drinks
long drinks

3.3.3 Short drinks

Kurze Getränke, die in kleinen Mengen (ca. 2 cl) ausgeschenkt werden und die man relativ schnell trinkt, nennt man short drinks.

Dazu gehören:
Spirituosen, Liköre, Südweine, manche Vermouths, manche Cocktails.

3.3.4 Long drinks

Darunter versteht man lange Getränke, die in größeren Mengen serviert werden und die man relativ langsam trinkt.

Dazu gehören:
verlängerte oder aufgefüllte Getränke
Sodas, Highballs, Fizzes, Grogs, alkoholfreie Getränke

3.3.5 Cocktails

Das klassische Getränk in der Bar ist der Cocktail. Übersetzt bedeutet Cocktail Hahnenschwanz.

Der Ursprung des Cocktails ist auf die Hahnenkämpfe zurückzuführen. Bei diesen Kämpfen war es Brauch (und ist es z.T. heute noch), dem Besitzer des siegreichen Hahnes die Schwanzfedern des besiegten Tieres als Trophäe zu überreichen. Diese wurden (werden) dann gebührend begossen.

Dabei galt der Ausspruch: *„Let's have a drink on the cocks tail!'* (Laßt uns einen auf den Hahnenschwanz trinken.).

Bei der Zubereitung sind drei klassische Cocktailarten zu unterscheiden, die durch verschiedene Mixtechniken hergestellt werden.

Cocktails	Mixtechniken
Gerührte Cocktails	Rühren im Rührglas
Geschüttelte Cocktails	Schütteln im Shaker
Gebaute Cocktails	Bauen im Cocktailglas

3.4 Arbeiten in der Bar

3.4.1 *Mise en place*

Der größte Teil der mise en place deckt sich mit den Vorbereitungsarbeiten, die bereits beim Kapitel Büfett vermittelt wurden.

Während das Büfett sich sowohl im Restaurant als auch im Office befinden kann, ist die Bar so gelegen, daß sie einen besonderen Anziehungspunkt für den Gast darstellt.

Aus diesem Grund ist besonders darauf zu achten, daß

sauber,

ruhig,

übersichtlich gearbeitet wird.

Dies läßt sich durch Beachtung folgender Regeln erreichen:

Stets die gleiche mise en place der Arbeitsgeräte auf der Arbeitsbank richten. Dazu gehören z.B.:

Shaker, Rührglas, Spritzflaschen, Fruchtpressen, Schneidebrett, Messer, Gewürze, Essig, Öl, Karaffen, Siphons usw.

Die Flaschen sollen immer am gleichen Platz stehen, so daß der Barman „blind" nach der benötigten Flasche greifen kann. Dabei sollen die oft verwendeten Flaschen gut greifbar in Reichweite stehen.

Merke:
Dieses mechanische Greifen nach einer bestimmten Flasche ist vor allem dann von Vorteil, wenn sich der Barman mit den Gästen unterhält.

Alle Flaschen müssen mit dem Etikett zum Gast stehen, damit er das Angebot an Spirituosen sieht.

Der obere Teil der Theke (die Thekenplatte) dient zum Abstellen der vom Gast bestellten Getränke sowie verschiedener Schalen mit Chips, Mandeln, Erdnüsse usw., Aschenbecher und Trinkhalme. Die Thekenplatte darf jedoch nicht überladen wirken.

Neben den Arbeitsgeräten und Spirituosen sind weiterhin bereitzustellen:

Schalen bzw. Teller mit Zitronen

Teller mit Zitronenzesten

Körbe mit Früchten

Verschiedene Teller und Unterteller als Untersatz für Getränke

Mehrere Kaffeelöffel bzw. Barlöffel

Gewürze: Pfeffer, Salz, Muskatnuß, Tabasco usw.

Essig, Öl, Worcestershiresauce, Ketchup usw.

Bitters: Angostura, Orangenbitter usw.

3.4.2 Regeln beim Zubereiten von Bargetränken

Zum fachgerechten Herstellen von Bargetränken sind folgende Regeln zu beachten:

Maße und Rezepturen befolgen!

Man erwartet, daß die bekannten Standardgetränke in jeder Bar gleich schmecken und nicht etwa nach Laune und Geschmack des Barman variieren.

Zu jedem Getränk das passende Glas verwenden!

Nur Zutaten und Garnituren von bester Qualität verwenden, d.h. bekannte, gute Marken-Alkoholika, frische Früchte, ausgepreßter Fruchtsaft, klares Roheis, frische Oliven und Cocktailkirschen usw.

Reichlich klares Roheis verwenden, denn die meisten Drinks schmecken nur, wenn sie kalt sind!

Nicht zu lange mixen, denn das Getränk soll kalt und nicht verwässert werden!

Fachgerecht mixen, d.h. Tänze und sonstige Verrenkungen sind unbedingt zu vermeiden! Der Gast will keinen Musiker oder Clown hinter der Bar sehen, sondern erwartet ein fachgerecht gemixtes, wohlschmeckendes Getränk.

Fertige Getränke sofort servieren, da ein Getränk (insbesondere Cocktails) leicht unansehnlich wird, wenn es länger steht.

3.4.3 Standardgetränke in der Bar

Getränk	Glas	Menge	Service	
Vermouths, z.B. Martini, Cinzano (rosso, dry, bianco)	Martiniglas	5 cl	1 Eiswürfel, Zitronenzeste bzw. Zitronenstück	
Bitteraperitif, z.B. Campari, Cynar	Campariglas bzw. Cynarglas	4 cl	pur:	1 bis 2 Eiswürfel, $1/2$ Orangen- oder Zitronenscheibe
			Soda:	1 bis 2 Eiswürfel, $1/2$ Orangen- oder Zitronenscheibe, Soda (bzw. Tonic water, Ginger Ale usw.) à part, Rührer
			Orangensaft:	1 bis 2 Eiswürfel, Orangensaft à part ($1/4$-l-Karaffe) Rührer

Getränk	Glas	Menge	Service
Anisgetränke, z.B. Ricard, Pernod	Ricardglas Pernodglas	2 cl	$1/4$-l-Karaffe mit 3 bis 4 Eiswürfel und frischem, kalten Wasser
Kir	Weißweinglas	ca. 1 bis 2 cl crème de cassis für 1 Weißweinglas	in das Glas geben und mit herbem Weißwein (Chablis) auffüllen Anmerkung: Ersatzweise einen herben Elsässer Riesling
Kir royal	Sektglas	ca. 1 bis 2 cl crème de cassis für 1 Sektflöte	in das Glas geben und mit Champagner auffüllen Anmerkung: Ersatzweise Sekt
Südweine, z.B. Sherry, Portwein	Sherryglas bzw. Portweinglas	5 cl	ohne weitere Zusätze
Edelbranntweine, z.B. Kirschwasser, Himbeergeist	Cognacschwenker	2 cl	Glas eventuell mit einem Eisstück frappieren
Weinbrände, z.B. Cognac, Armagnac, deutsche Weinbrände	Cognacschwenker	2 cl	ohne Zusätze
Whisky, Whiskey	flacher Tumbler	4 cl	pur, plain water (Leitungswasser) on the rocks: 2 bis 3 Eiswürfel Soda: 1 bis 2 Eiswürfel, Soda à part
Klare Schnäpse, z.B. Doornkaat, Wacholder	Stamper	2 cl	ohne Zusätze
Kümmelschnäpse, z.B. Aquavit, Malteser	meist spezielle Gläser	2 cl	Flasche geeist, Glas geeist
Liköre	Likörschale	2 cl	ohne Zusätze
Magenbitter, z.B. Fernet Branca, Underberg	Likörschale	2 cl	ohne Zusätze
Säfte, z.B. Orangensaft, Traubensaft, Johannisbeersaft	Weißweinglas oder Karaffe	$1/8$ l $1/4$ l	ohne Zusätze

Arbeiten in der Bar   253

Getränk	Glas	Menge	Service
Tomatensaft	flacher Tumbler	ca. 0,2 l	auf Untersetzer mit Kaffeelöffel, Salz, Pfeffer, Paprika, Tabasco dazu reichen
Long drinks, z.B. Cola Cognac, Gin Tonic, Gin Orange	hohe Tumbler	2 cl	im Glas auffüllen oder Flasche bzw. Karaffe à part

3.4.4 Mixtechniken

Rühren

Gerührte Cocktails sind in erster Linie Cocktails, die keine festen Stoffe, z.B. Eier, Zucker, enthalten.

Gerührt wird, indem man den Rührlöffel durch das Eis auf den Boden des Rührglases schiebt und ihn kurz und kräftig von unten nach oben schlägt.

Merke:
Es wird nicht etwa gerührt wie bei Kaffee, sondern „geschlagen"! Der Vorgang des Rührens soll nicht länger als ca. 15 Sekunden dauern, da sonst der Cocktail verwässern könnte.

Arbeitsschritte:
3 bis 5 Stücke Roheis in das Rührglas geben.

Benötigte Spirituosen abmessen und bereitstellen.

Sonstige Zutaten und Garniermaterial bereitstellen.

Angesammeltes Wasser abschütten.

Geforderte Flüssigkeiten in das Rührglas geben.

Kurz und kräftig rühren.

Barsieb in das Rührglas halten.

Cocktail in das Glas seihen (das Eis bleibt im Rührglas zurück).

Cocktail garnieren. (Zeste, Olive, Kirsche, Obstscheibe)

Sofort servieren!

Schütteln

Geschüttelte Cocktails werden im Shaker (Schüttelbecher) hergestellt. In den Shaker können auch feste Stoffe wie Zucker und Eier eingegeben werden, die durch das kurze aber feste Schütteln zerschlagen bzw. aufgelöst werden.

Das Schütteln eines Cocktails geschieht in der Weise, daß man den Shaker mit beiden Händen (und nicht etwa nur mit einer Hand) kurz, aber kräftig waagerecht in Höhe der rechten Schulter bewegt.

Den Shaker mit einer sauberen Serviette umwickeln damit keine Flüssigkeit aus dem Shaker dringen kann und auf die Kleidung der Gäste (oder auf die eigene) spritzt.

Je nach Art der Ingredienzen wird ein Cocktail 10 bis 30 Sekunden geschüttelt.

Merke:
Um schnell zu kühlen, muß das Eis auf dem geraden und langen Weg im Shaker hin und her geschlagen werden!

Arbeitsschritte:

3 bis 4 Stücke Roheis in den Shaker geben.

Alle benötigten Rohstoffe bereitstellen.

Flüssigkeiten abmessen.

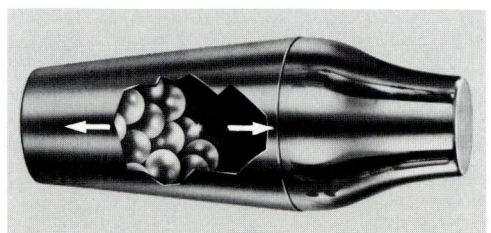

Im Shaker angesammeltes Wasser abschütten.

Erst die festen Zutaten wie Zucker, Eier, in den Shaker geben, damit sie sich besser lösen und verteilen.

Vorgeschriebene Flüssigkeiten dazugeben.

Shaker schließen.

Saubere Serviette um den Shaker wickeln.

Kurz und kräftig mit beiden Händen in Höhe der rechten Schulter schütteln.

Merke:
Nicht zu lange schütteln, da das Getränk gemischt und gekühlt, jedoch nicht mit Wasser verlängert werden soll!

In das bereitgestellte Cocktailglas seihen. Sofort servieren!

Bauen

Gebaute Cocktails werden im entsprechenden Cocktailglas hergestellt. Die bekanntesten gebauten Cocktails sind die Cobblers, die Pousse-cafés, die Prairie Oyster.

Cobbler

Bei der Zubereitung eines Cobblers ist auf die richtige Zusammensetzung der alkoholischen Ingredienzen, auf feingeschlagenes Eis und auf ein geschmackvolles Anrichten von Früchten zu achten.

Merke:
Das feingeschlagene Eis (crashed ice) wird dem Roheisbereiter entnommen. Sollte dieser kein crashed ice vorbereiten, wird Würfeleis in eine saubere Serviette gepackt und kleingeschlagen.

Pousse-café

Der Pousse-café besteht aus einer Kombination von verschiedenen Likören, die aufgrund der unterschiedlichen spezifischen Gewichte in verschiedenen Lagen aufeinander schwimmen. Deshalb ist zu beachten, daß die Liköre farblich und geschmacklich zueinander passen und verschiedene spezifische Gewichte aufweisen.

Zur Zubereitung ist ein hohes, dünnes Likörglas und ein Barlöffel erforderlich.

Die im Rezept zuerst genannte Flüssigkeit, gewöhnlich ein Sirup, gießt man ins Glas, die nächsten Liköre läßt man vorsichtig über den Barlöffel in das Glas einlaufen. Ein Vermischen der Liköre muß dabei vermieden werden.

Prairie Oyster

Die Prairie Oyster ist ein Spezialcocktail, der ohne jeglichen Alkohol in einer Cocktailschale gebaut wird. Sie soll nach ausgiebigem Alkoholgenuß den Kopf und den Magen wieder in Ordnung bringen.

3.4.5 Herstellen von Standardmixgetränken

Martini Cocktail

Rezepturen:

Martini dry – Cocktail	Martini medium – Cocktail	Martini sweet – Cocktail
3 bis 5 Stücke Roheis	3 bis 5 Stücke Roheis	3 bis 5 Stücke Roheis
4 Teile Gin	3 Teile Gin	2 Teile Gin
(40 g, 4 cl)	(30 g, 3 cl)	(25 g, 2,5 cl)
1 Teil Martini dry	1 Teil Martini dry	1 Teil Martini bianco
(10 g, 1 cl)	(10 g, 1 cl)	(12,5 g)
	1 Teil Martini rosso	1 Teil Martini rosso
	(10 g, 1 cl)	(12,5 g)
1 dash Orangenbitter	1 dash Orangenbitter	1 dash Angostura
1 grüne Olive	1 grüne Olive	1 Maraschinokirsche
1 Zitronenzeste	1 Zitronenzeste	

Mise en place für Martini Cocktails:
Eisbehälter
Rührglas, Rührlöffel, Barsieb, Meßgläser
Gin- und Martiniflasche
Spritzflasche mit Orangenbitter bzw. Angostura
Schale mit Oliven bzw. Cocktailkirschen
Zitrone, Schneidebrett, Messer

Beispiel: Zubereitung eines Martini dry-Cocktails

Arbeitsschritte:
3 bis 5 Stücke Roheis in das Rührglas geben und dieses zum Vorkühlen ein wenig schwenken.
Spritzflasche, Olive und eine Zitronenzeste bereitstellen.
Gin abmessen.

Martini abmessen.
Angesammeltes Wasser abgießen.

Martini und Gin in das Rührglas geben.

1 dash Orangenbitter in das Rührglas spritzen.

Arbeiten in der Bar 257

Kurz und kräftig mit dem Rührlöffel rühren.

Barsieb in das Rührglas halten.

Martini-Cocktail in das vorbereitete Glas seihen.

Olive mit einem Stick in das Glas geben.

Mit der Zitronenzeste abspritzen.
Servieren.

Manhattan-Cocktail

Rezeptur:
4 bis 5 Stücke Roheis
2 Teile Canadian Club Whisky (35 g)
1 Teil Martini rosso (15 g)
1 dash Angostura
1 Maraschinokirsche, evtl. 1 Zitronenzeste

Merke:
Um den Manhattan Cocktail etwas milder herzustellen, wird der Whiskyanteil verringert und gleichzeitig der Martinianteil erhöht, z.B.: 3 Teile Whisky (30 g), 2 Teile Martini (20 g)

Mise en place:
Eisbehälter
Rührglas, Rührlöffel, Barsieb
Canadian Club Whisky
Martini rosso
Spritzflasche Angostura
Schale mit Cocktailkirschen
Zitrone, Schneidebrett, Messer

Arbeitsschritte:
3 bis 5 Stücke Roheis in das Rührglas geben und schwenken.

Spritzflasche mit Angostura, Cocktailkirschen und Zitronenzeste bereitstellen.

Canadian Whisky abmessen.

Martini rosso abmessen.
Angesammeltes Wasser abgießen.

Whisky und Martini in das Rührglas geben.

Arbeiten in der Bar 259

1 dash Angostura in das Rührglas spritzen.

Kurz und kräftig mit dem Rührlöffel rühren.

Barsieb in das Rührglas halten.
Manhattan-Cocktail in das vorbereitete Glas seihen.

Maraschinokirsche auf einen Stick spießen und in das Glas geben.

Mit der Zitronenzeste abspritzen.
Manhattan-Cocktail servieren.

Fizzes

Besonderes Merkmal eines Fizz ist Zitronensaft und das Auffüllen mit Sodawasser. Der bekannteste Fizz ist der Gin Fizz, von dem es verschiedene Variationen gibt.

Rezepturen:

Gin Fizz
5 bis 6 mittlere Stücke Roheis
Saft einer ganzen Zitrone (ca. 15 g)
2 bis 3 Barlöffel Zucker
30 g Gin (3 cl)
Sodawasser

Silver Fizz
5 bis 6 mittlere Stücke Roheis
Saft einer ganzen Zitrone (ca. 15 g)
2 bis 3 Barlöffel Zucker
1 Eiklar
30 g Gin
Sodawasser

Royal Fizz
4 bis 5 Stücke Roheis
1 bis 1,5 Barlöffel Zucker
1 ganzes Ei
1 Teil Gin (12,5 g)
1 Teil Sodawasser (12,5 g)
1 Teil Orangensaft (12,5 g)
1 Teil Zitronensaft (12,5 g)
1 Schuß Grenadine

Merke:
Die Zubereitung des Silver Fizz verläuft in den gleichen Schritten wie die des normalen Fizz. Das Eiklar gibt dem Fizz einen silbernen Schimmer.

Der Royal Fizz wird — im Gegensatz zu den anderen Fizz-Arten — nicht mit Sodawasser aufgefüllt. Sämtliche Zutaten werden sofort in den Shaker gegeben und gut geschüttelt.

Arbeiten in der Bar

Mise en place für Gin Fizzes:
Eisbehälter, Shaker, Meßgläser
Fruchtpresse, Schneidebretter, Messer
Zitronen
Gordon's Gin, Sodawasser
Zuckerschale, Barlöffel
Mittlere Tumbler
Eier (Silver Fizz und Royal Fizz)
Schale zum Trennen von Eigelb und Eiklar (Silver Fizz)
Grenadine, Orangensaft (Royal Fizz)

Beispiel: Zubereitung eines Gin Fizz

Arbeitsschritte:
5 bis 6 Stücke Roheis in den Shaker geben.
Zitronen aufschneiden, auspressen und in ein Glas geben.
Zuckerschale bereitstellen.
Gin abmessen und bereitstellen.
Glas mit einem Zuckerrand versehen.
Dazu den Rand des Glases durch eine Zitronenschale drehen, um ihn zu befeuchten. Anschließend den Glasrand durch den Zucker in einer Schale drehen, wobei der Zuckerrand nur äußerlich angebracht werden sollte.

Zu diesem „Rollen" durch den Zucker gehört eine ruhige Hand und viel Übung, damit ein gleichmäßiger Rand entsteht. Oft sieht dieser Rand unregelmäßig aus und verläuft in Schlangenlinien.

falsch

Daher ist es auch statthaft, den Zuckerrand auf eine einfachere Art herzustellen.
Das Glas wird senkrecht in die flache Zuckerschale gedrückt. Somit läßt sich nicht vermeiden, daß etwas Zucker in das Glasinnere kommt, jedoch ist der Zuckerrand sauber und gleichmäßig.

Angesammeltes Wasser aus dem Shaker abgießen.

2 bis 3 Barlöffel Zucker in den Shaker geben.

Ausgepreßten Zitronensaft in den Shaker gießen.

Abgemessenen Gin und einen Schuß Sodawasser dazugeben.

Shaker schließen und in eine saubere Serviette einwickeln.
Kräftig schütteln.

Merke:
Mit den beiden Händen den Shaker fest an den Enden fassen!

Durch das Sodawasser entsteht im Innern des Shakers ein hoher Druck, der ein vorzeitiges Öffnen des Shakers verursachen kann.

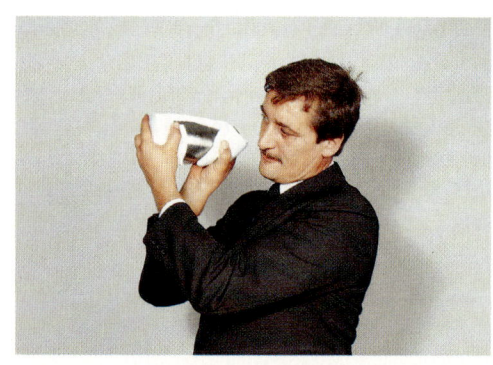

Arbeiten in der Bar

In das bereitgestellte Glas mit dem Zuckerrand gießen.

Merke:
Vorsichtig eingießen, damit der Zuckerrand nicht beschädigt wird!

Auffüllen mit Sodawasser.

Mit Trinkhalm servieren.

Flips

Besonderes Merkmal des Flips ist ein Eigelb.

Die Flips können sowohl mit „harten" als auch mit „weichen" Spirituosen hergestellt werden. Sie werden dabei nach ihrer alkoholischen Ingredienz benannt, z.B.:

Portwein Flip, Sherry Flip
Brandy Flip, Gin Flip usw.

Die Zubereitung ist in jedem Fall die gleiche.

Beispiel: Portwein Flip

Rezeptur:
3 bis 5 Stücke Roheis, 1 Eigelb, 1 bis 2 Barlöffel Zucker, 1 Glas Portwein (35 g)
1 Prise Muskatnuß

Mise en place:
Eisbehälter, Shaker, Meßglas
1 Ei
Schale zum Trennen von Eigelb und Eiklar
Zuckerschale und Barlöffel, Muskatreibe
Portwein
Flip-Glas und Trinkhalm

Arbeitsschritte:

3 bis 5 Stücke Roheis in den Shaker geben.

Zuckerschale bereitstellen.

Eigelb und Eiklar trennen.

35 g Portwein abmessen.

Im Shaker angesammeltes Wasser abgießen.

1 bis 2 Barlöffel Zucker in den Shaker geben.

Eigelb in den Shaker geben.

Abgemessenen Portwein in den Shaker gießen.

Shaker schließen.

Mit einer sauberen Serviette umwickeln.

Gut und kräftig mit beiden Händen über der Schulter schütteln.

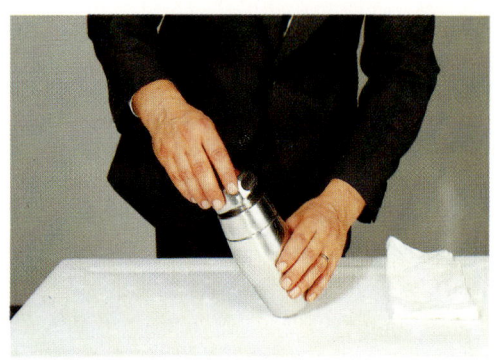

In das bereitgestellte Flip-Glas seihen.

Eine Prise Muskatnuß auf das Getränk geben.

Mit Trinkhalm servieren.

Arbeiten in der Bar **265**

Blaue-Nacht-Cocktail

Die „Blaue Nacht" ist ein Spezialcocktail, der im Shaker geschüttelt und mit Champagner brut (bzw. einem entsprechend trockenen Sekt) aufgefüllt wird.

Rezeptur (für 2 Cocktails):

3 bis 4 Stücke Roheis

10 g Zitronensaft (1 cl)

20 g Wodka (2 cl)

20 g Curaçao blau (2 cl)

Champagner (bzw. Sekt)

Mise en place:
Eisbehälter
Shaker, Meßbecher
Fruchtpresse, Schneidebrett, Messer
Zitronen
Wodka, Curaçao blau
Champagner
Cocktailschale

Arbeitsschritte:

3 bis 4 Stücke Roheis in den Shaker geben.

Zitrone aufschneiden, in eine Karaffe pressen und 10 g (1 cl) abmessen.

20 g Wodka abmessen und bereitstellen.

20 g Curaçao blau abmessen und bereitstellen.

Im Shaker angesammeltes Wasser abgießen.

Zitronensaft in den Shaker geben.

Wodka und Curaçao blau dazugeben.

Shaker schließen und in die saubere Serviette einschlagen.

Kurz und kräftig mit beiden Händen schütteln.

In die vorbereitete Cocktailschale gießen.

Mit Champagner (Sekt) auffüllen.

Marie Anne Cocktail

Die „Marie Anne" ist ein Spezialcocktail, der im Shaker geschüttelt und mit Champagner aufgefüllt wird.

Rezeptur (für 2 Cocktails):

3 bis 5 Stücke Roheis
1 Barlöffel Zucker
1 Schuß Grenadine
10 g Orangensaft (1 cl), 10 g Zitronensaft (1 cl), 20 g Wodka (2 cl), 20 g Gin (2 cl)
Champagner

Mise en place:
Eisbehälter
Shaker, Meßbecher
Fruchtpresse, Karaffen
Schneidebrett, Messer
Orangen und Zitronen
Grenadine, Wodka, Gordon's Gin
Champagner
Cocktailschale

Arbeitsschritte:

3 bis 4 Stücke Roheis zum Vorkühlen in den Shaker geben.
Zuckerschale mit Barlöffel bereitstellen.
Zitronen und Orangen aufschneiden und auspressen.
Säfte abmessen und bereitstellen.
Wodka und Gin abmessen und bereitstellen.
Grenadineflasche bereitstellen.
Im Shaker angesammeltes Wasser abgießen.
1 Barlöffel Zucker in den Shaker geben.
1 Schuß Grenadine in den Shaker geben.
Orangen- und Zitronensaft darübergeben.
Wodka und Gin dazugießen.
Shaker schließen und in die Serviette einschlagen.

Kräftig mit beiden Händen schütteln.

In die vorbereitete Cocktailschale gießen.

Mit Champagner auffüllen.

Cobbler

Der Cobbler wird nach seiner alkoholischen Hauptingredienz benannt, z.B. Brandy Cobbler.

Rezeptur:

25 g Cognac

Zu gleichen Teilen:

Curaçao orange, Maraschino, Kirschwasser, Grenadine, insgesamt 25 g
1 bis 2 Scheiben Ananas, 5 bis 6 Kirschen, 4 bis 6 Orangenfilets (es können auch andere Früchte genommen werden)
Feingeschlagenes Roheis

Mise en place:
Cobbler-Glas
Feingeschlagenes Roheis
Verschiedene Früchte
Schneidebrett, Messer
Teller, Löffel, Gabel
Vorgeschriebene Alkoholika
Löffel, Trinkhalm

Arbeitsschritte:
Curaçao orange, Maraschino, Kirschwasser und Grenadine abmessen.
Ananasscheiben halbieren oder vierteln.
Orangen filieren.
Kirschen halbieren und entsteinen.

25 g Cognac abmessen.
Cobbler-Glas halbvoll mit feingeschlagenem Eis füllen.
Curaçao orange, Maraschino, Kirschwasser und Grenadine auf das feingeschlagene Eis geben und verrühren.

Früchte auf dem Eis anrichten. Hierbei sind verschiedene „Bilder" möglich.

Merke:
Löffel und Gabel zum Anrichten der „Bilder" benutzen!

Abgemessenen Cognac über die Früchte gießen.

Mit Löffel und Trinkhalm servieren.

Merke:
Um das Garnieren mit Früchten zu erleichtern, kann die Herstellung eines Cobblers vereinfacht werden.

Arbeitsschritte:
Glas zu ca. $^2/_3$ mit feingeschlagenem Eis füllen.
Eis mit einem Barlöffel glattstreichen.
Mit verschiedenen Früchten phantasievoll garnieren.
Im Rezept vorgeschriebene Sirups und Liköre über die Früchte geben.
Mit dem Alkohol, nach dem der Cobbler benannt wird, auffüllen (z.B. Cognac, Portwein, Sherry usw.).

Arbeiten in der Bar

Pousse-café

Pousse-cafés sind in jeder gewünschten Kombination verschiedener Liköre möglich. Es ist darauf zu achten, daß sie geschmacklich zueinander passen und Abwechslung in der Farbe bringen. Pousse-cafés werden je nach spezifischem Gewicht der einzelnen Liköre zubereitet.

Merke:
Das spezifische Gewicht der einzelnen Liköre erkennt man am Alkoholgehalt, d.h. je höher der Alkoholgehalt, desto leichter ist der Likör. Der alkoholische Gehalt (in %) ist auf den Flaschen vermerkt.

Beispiel: der 4lagige Pousse-café Finlandia

Rezeptur:
1 Teil Grenadine
1 Teil Crème de menthe grün
1 Teil Maraschino
1 Teil Curaçao blau

Mise en place:
Pousse-café-Glas und Barlöffel
Mehrere kleine Likörschalen
Grenadine, Crème de menthe grün, Curaçao blau, Maraschino

Arbeitsschritte:
Pousse-café-Glas bereitstellen.
Crème de menthe, Maraschino und Curaçao blau getrennt in die kleinen Gläser abmessen.
Ca. 10 g Grenadine in das Pousse-café-Glas geben.

Merke:
Je Lage etwa ein Fingerbreit Likör eingießen. Sehr vorsichtig vorgehen.

Die vorbereitete Crème de menthe vorsichtig über den Barlöffel in das Glas laufen lassen,

so daß sie auf der Grenadine schwimmt.

Maraschino vorsichtig über den Löffel zu den anderen Likören in das Glas geben.

Curaçao blau über den Löffel dazugeben.

Arbeiten in der Bar

Pousse-café ohne Trinkhalm und Löffel servieren. (Die verschiedenen Lagen werden einzeln vorsichtig abgetrunken.)

Merke:
Zum Zugießen der einzelnen Liköre braucht man eine ruhige Hand, damit sich die einzelnen Liköre nicht vermischen!

Prairie Oyster Cocktail

Die Prairie Oyster soll nach ausgiebigem Alkoholgenuß den Kopf und den Magen wieder in Ordnung bringen.

Rezeptur:
1 Barlöffel Tomatenketchup, 1 Eßlöffel Worcestershiresauce
1 frisches Eigelb, 1 Prise Salz, Pfeffer, Paprika
1 Barlöffel Estragonessig, 1 Eßlöffel Olivenöl, 1 Glas frisches Wasser

Mise en place:
Cocktailschale
Ketchup- und Worcesterflasche
Barlöffel, Eßlöffel
1 Ei
Schale zum Trennen von Eigelb und Eiklar
Salz-, Pfeffer-, Paprikastreuer
Flasche mit Estragonessig
Flasche bzw. Karaffe mit Olivenöl
Karaffe frisches Wasser, Wasserglas

Arbeitsschritte:
Cocktailschale bereitstellen.
In die Cocktailschale einen Barlöffel Ketchup und einen Eßlöffel Worcestershiresauce geben.
Ketchup und Worcester vermischen.
Eigelb und Eiklar trennen.
Eigelb in die Cocktailschale geben.

Merke:
Das Eigelb muß auf dem Ketchup und der Worcestershiresauce schwimmen!

Auf das Eigelb jeweils eine Prise Salz, Pfeffer und Parika geben.

Merke:
Je nach „Kater" kann die Menge variiert werden. In „hartnäckigen" Fällen ist auch die Zugabe von etwas Tabasco möglich.

Um das Eigelb einen Barlöffel Estragonessig geben.

Soweit mit Olivenöl auffüllen, daß das Eigelb noch aus der Flüssigkeit herausschaut.

Die Prairie Oyster mit einem Glas frischen Wasser servieren.

Merke:
Die Prairie Oyster wird „ex" getrunken. Das frische Wasser dient zum Nachspülen.

Stichwortverzeichnis

Abräumen 94
– Regeln 94
– Teller und Bestecke 95
After dinner drinks 248
Ananas 155
Aperitif 248
Arbeiten am Tisch des Gastes 97
Arbeitsbereiche 13
Aufbrühen 228
Aufgußgetränke 227

Bananen-Milch 224
Bar 245
– Arbeitsgeräte 246
– Getränke 248
– Gläser 29
– Maße 245
Before dinner drinks 248
Beratung des Gastes 192
Berufsvoraussetzungen 13
Bestecke 14
– Pflege der Bestecke 21
– Spezialbestecke 19
– Tafelbestecke 14
Bestellung, Annahme einer 192
Bier 192
– Fässer anstechen 221
– Gläser 28
– Keller 217
– Lagerung 217
– Leitungen 218
– Schankanlage 216
Blaue Nacht Cocktail 265
Blumenschmuck 74
Brigade 197
Büfett 215

Cappuccino 231
Chambrieren 183
Champagner 188
Châteaubriand 98
Cobbler 267
Cocktails 249
– gebaute 267
– gerührte 255
– geschüttelte 260
– Spezialcocktails 265
Crêpes Suzette 143

Deckservietten 36
Dekantieren 187
Dekantierkorb 184
Druckminderer 219

Egg Noggs 225
Einschenken
– Suppen 90
– Wein 182
Empfang des Gastes 191
Ente 107

Fächer 59
Festessen
– Ablauf 202
– Annahme 195
Festtafeln 198
Filieren 114
Filtern 228
Fische 114
Fizzes 260
Flambieren 133
Flips 263
Forelle blau 115
Forelle auf Müllerinart 117
Frappés 226
Frappieren 188
Frischobst 155
Frühstück 208
– Arten 211
– Büfett 213
– Gedeck 208
– Karte 213

Gans 109
Gangfolge 165
Gedeckarten 63
– einfaches Menügedeck 67
– erweitertes Menügedeck 69
– Forderungen an das Gedeck 63
– Grundgedeck 66
Gin Fizz 260
Gläser 24
– Arten 24
– Reinigung und Pflege 31
– Stellungsmöglichkeiten 71
Gestecke 74

Grapefruit 149
Guéridon 42

Hammelkeule 103
Hummer 123
Hummerbesteck 19

Irish Coffee 234

Kaffee 227
– Maschine 229
– Spezialzubereitung 230
– Zubereitungsverfahren 228
Kakao 243
Kalbshaxe 104
Kalbsnieren, flambiert 140
Kaltes Büfett 203
Käse 153
– Schnittarten von 153
Kerzen 79
Kirschen, flambiert 146
Klassische Speisenfolge 161
Kohlendioxidflaschen 218
Korrespondierende Weine 173
Krebse 130
Krustentiere 123
Kühlen 178

Long drinks 249

Manhattan Cocktail 258
Marie Anne Cocktail 266
Martini Cocktail 255
Menagen 34
Menügestaltung 164
Menükarten 160
Milchmixgetränke 224
Mise en place 38
– im Office 38
– im Restaurant 41
Mokka 230
Moltondecken 36
Mundservietten 37
– Formen 49

Nieren, flambierte 140

Officearbeiten 38
Öffnen von Weinflaschen 180
Orangen-Shake 224
Organisation von Festessen 195

Pfeffersteak, flambiert 138
Plattfische 114
Platzzuweisung 191
Polieren von Gläsern 31
Polieren von Messern 22
Polieren von Tellern 33
Porterhouse-Steak 99
Porzellan 33
Poularde 105
Pousse-café 269
Prairie Oyster 271
Pute 111
Putenleber 136

Rechaud 35
Rechnungserstellung 194
Rehrücken 101
Restaurant 14
Riesengarnelenschwänze 134
Rinderbrust 99
Rüdesheimer Kaffee 231
Rundfische 114

Sattelstück 102
Schokolade 243
Scholle 121
Seezunge 119
Sekt
– Gläser 27
– Öffnen der Flasche 188
– Service 188
Serviceeinteilung 200
Servicegegenstände 34
Serviceleiter 197
Servicemethoden 87
Servicetische 42
Servieren 87
Shaker 254
Short drinks 249
Silberpflege 23
Sommelier 197
Speisenfolgen 160
– Regeln für das Erstellen 164
Speisenkarten 157
– Aufgaben 157
– Grundsätze 157
Spezialbestecke 19
Standardmixgetränke 255
Steinbutt 122
Suppenservice 90

Stichwortverzeichnis

Tafel
– Decken 48
– Formen 198
– Plan 199
Tatar 150
T-bone Steak 99
Tee 238
– Löslichkeit und Wirkung der Inhaltsstoffe 239
– Spezialzubereitungen 242
– Zubereitungsverfahren 240
Temperieren 183
Tischdecke 44
– Auflegen 44
– Wechseln vor dem Gast 47
– Zusammenlegen 46
Tischdekoration 74
Tischwäsche 36
– Arten 36
– Aufbewahrung 37
– Größen 37
Tragen 80
– Gläser 82
– Plateaux 84
– Teller 80

Tranchieren 97
Truthahn 111

Vorlegen 91
– Regeln des 92
– Vorlegebesteck 91
– Vorlegegriffe 93

Wärmeplatte 35
Wärmeschrank 35
Wein
– Gläser 24
– Probe 176
– Service 172
   Rotweinservice 183
   Weißweinservice 178
– Sprache 178
– Temperaturen 176

Zapfen von Bier 223
Zapfhähne 219
Zubereiten von Speisen 149
Zuckerrand 261

Bildnachweis

Folgende Firmen stellten freundlicherweise Abbildungsvorlagen zur Verfügung:

Asbach & Co., 65385 Rüdesheim am Rhein

Brauerei Beck & Co., Am Deich 18/19, 28199 Bremen 1

Conservenfabrik Eugen Lacroix GmbH, Frauenhoferstr. 4−10, 60528 Frankfurt-Niederrad

Dreizackwerk, Ed. Wüsthof, 42719 Solingen

Karlsberg Brauerei KG Weber, 66424 Homburg/Saar

Schott-Zwiesel-Glaswerke, 94227 Zwiesel

WMF − Württembergische Metallwarenfabrik AG, 73312 Geislingen/Steige